Collection folio junior

dirigée par
Jean-Olivier Héron
et Pierre Marchand

Titre original :
Bloodfeud of Altheus

J. Butterfield, D. Honigmann,
P. Parker

La Vengeance d'Althéos

Chroniques Crétoises / 1

Traduit de l'anglais
par Arnaud Dupin de Beyssat

Illustrations de Dan Woods

Gallimard

Vous êtes Althéos

— Thésée est mort, poursuivait Hermès. Son corps repose maintenant dans le labyrinthe de Minos. Du sombre royaume d'Hadès, les âmes de tes ancêtres réclament vengeance. Egée, ton noble père, pleure la disparition de son puissant fils. Son esprit, consumé de désespoir, le presse de se venger, mais sa mauvaise santé ne lui permet pas d'accomplir lui-même cette juste tâche. C'est à toi, aimable et courageux Althéos, qu'il appartient maintenant de détruire les fléaux qui menacent ta cité natale.

Ainsi parla Hermès avant de disparaître devant vous dans un nuage de fumée.

Vous êtes Althéos, valeureux héros grec. Votre tâche est presque surhumaine et, pour accomplir votre quête, vous devrez souvent affronter bêtes sauvages et humains, et gagner les faveurs des dieux. Le voyage sera difficile et périlleux et vous serez seul maître de votre destin.

Comprenez bien que les paragraphes qui constituent ce livre n'ont aucun sens lus dans un ordre numérique. A la fin de chaque paragraphe, vous devrez choisir entre différentes directions ou diverses actions et vous rendre au numéro de paragraphe que votre choix a déterminé. Il est essentiel que vous ne lisiez que les paragraphes qui vous sont indiqués. Ne pas respecter ce principe n'amènerait que confusion

et, perdant le fil de votre aventure, vous en perdriez tout le plaisir. Si aucune destination n'est indiquée à la fin d'un paragraphe, cela signifie que vous êtes mort. Dans ce cas, Althéos renaissant, tous vos points rétablis à leur valeur initiale, votre équipement à nouveau complet, et tous les dieux neutres à votre égard, vous devrez recommencer l'aventure au paragraphe **1**.
Vous n'avez besoin que d'un crayon, de papier et de dés pour vivre les aventures d'Althéos, vos aventures !

Force, Protection, Honneur et Honte

Avant de vous lancer dans cette aventure, il vous faut savoir un certain nombre de choses. Votre habileté au combat, vos relations avec les dieux et les mortels, et votre personnalité sont définies par quatre valeurs : Force, Protection, Honneur et Honte. Comme leurs valeurs respectives peuvent changer au cours du jeu, il est nécessaire d'en tenir un compte rigoureux. A cet effet, vous trouverez en page 24 *la Feuille d'Aventure* que vous rencontrerez sous le nom de **Chroniques** tout au long de votre aventure : vous pouvez la photocopier et l'utiliser pour noter les détails d'une aventure. Vous remarquerez aussi sur cette feuille un emplacement réservé à votre Condition Physique. Au départ, vous êtes Indemne ; au fur et à mesure des blessures qui vous sont infligées, vous êtes successivement Blessé, Grièvement Blessé, puis, enfin, Mort. A chaque fois que l'un de vos adversaires ou que vous-même, Althéos, êtes touché, la Condition Physique du personnage concerné se dégrade et descend d'une case (d'Indemne à Blessé, de Blessé à Grièvement Blessé, de Grièvement Blessé à Mort). Mais prenez bien garde à vous car, dans la plupart des cas, la Mort vous sera fatale ! Les Chroniques vous serviront également à noter l'équipement et les armes que vous transportez, les objets que vous recevrez au cours de votre aventure et, selon, si les dieux vous sont favorables ou défavorables. En bref, cette Chronique vous permet de noter tout ce qu'il est important de savoir quant à votre condition physique et intellectuelle et sur vos rapports avec le monde extérieur.

A un moment donné votre Force correspond à la somme de votre habileté naturelle au combat et de l'arme la plus puissante que vous transportez. Ces points additionnés vous permettent de déterminer vos capacités à blesser ou tuer votre adversaire. Initialement, la Force d'Althéos est de 4 points mais elle augmente en fonction de l'arme qu'il manie.

La Protection, elle, correspond à votre habileté à l'esquive ajoutée aux points de Défense que vous apporte la cuirasse dont Althéos est revêtu. Althéos possède au départ de l'aventure 10 points de Protection. Supposons qu'il porte un casque et des jambières : les jambières donnent 1 point de Protection et le casque 2 points. Sa Protection est donc de 13 points (10 + 2 + 1). La Protection sert, au cours des combats, à déterminer la possibilité qu'a un adversaire de blesser Althéos.

L'Honneur est une valeur fondamentale pour un héros tel qu'Althéos. Elle reflète son attitude vis-à-vis de ses compatriotes et de son dieu protecteur. Sans Honneur, il n'est qu'un paria : son dieu tutélaire pourra refuser de l'aider lorsqu'il l'invoquera (sauf si, comme parfois, cette aide est automatique) ; ses compatriotes le mépriseront et chercheront à lui

causer du tort. Althéos commence l'aventure avec 7 points d'Honneur. Ces points peuvent augmenter ou diminuer au gré des circonstances mais jamais être inférieurs à zéro. Si vous n'avez plus d'Honneur, vous ne pourrez récupérer de points qu'en invoquant Zeus (voir plus loin), ou en utilisant un des moyens particuliers décrit dans le texte. Les points d'Honneur sont obtenus à la fin d'un combat victorieux. Ils peuvent servir à invoquer les dieux ou pour augmenter temporairement vos points de Force ou de Protection au cours d'un combat.
Autre concept social important à l'époque de la Grèce antique, cadre de cette aventure, la Honte. La Honte, dont la valeur initiale est nulle au départ de l'aventure, ne peut jamais s'effacer, sauf en d'exceptionnelles circonstances (que détaille le texte). Ces points s'acquièrent lorsqu'Althéos commet des crimes culturels ou sociaux tels que tuer un adversaire qui s'est rendu, fuir le combat ou éviter volontairement un acte héroïque. Les crimes capitaux comme le parricide, l'inceste, ou encore le manque d'entretien de la cuirasse sont pénalisés plus lourdement. Si son total de points de Honte est supérieur à celui des points d'Honneur, sa conscience de héros le tourmentera et le poussera à s'éventrer lui-même avec une dague — s'il en possède une —, à moins que Zeus, le père des dieux, ne le foudroie et n'envoie l'âme d'Althéos se lamenter dans les profondeurs des enfers, le sombre royaume d'Hadès. Dans ce cas précis, il lui sera absolument impossible de ressusciter. Si, au milieu d'un combat, le total de ses points de Honte est supérieur à celui de ses points d'Honneur, il ne se passera rien avant la fin du combat ; de cette façon, les points d'Honneur obtenus par la victoire pourront éventuellement sauver Althéos d'un horrible destin.

Combats

Les combats ont lieu lorsque vous rencontrez un homme ou un animal capable de combattre. Vous devrez toujours en noter le déroulement sur un papier, non seulement par commodité mais aussi parce que vous pourriez avoir à vous rendre à un autre paragraphe. Vous devez également noter les blessures reçues par votre adversaire. Le combat se déroule dans une série d'attaques et de contre-attaques. Althéos a toujours le bénéfice de la première attaque sauf s'il accomplit ou tente d'accomplir une autre action comme d'invoquer les dieux ou de se servir d'un objet magique ; dans ce cas, l'adversaire a l'initiative du premier coup. Le combat se déroule ainsi :

Vous jettez deux dés. Au chiffre obtenu, vous ajoutez la Force d'Althéos et les points de Force des armes choisies (notez que, généralement, une arme ne protège pas, et qu'une pièce de cuirasse n'a pas de force par elle-même). Si le total est égal ou supérieur au total des points de Protection de l'adversaire (force naturelle + cuirasse), Althéos le blesse. La Condition Physique de votre adversaire se dégrade alors : s'il était Indemne, il est maintenant Blessé ; s'il était Blessé, il est alors Grièvement Blessé, et s'il était Grièvement Blessé, il meurt et le combat se termine aussitôt. Si le résultat obtenu par le lancer des dés est 11 ou 12, Althéos blesse automatiquement son adversaire, quelle que soit sa propre Force ou la Protection de son adversaire. Althéos peut ainsi avoir sa chance en face des plus redoutables adversaires. A l'inverse, si Althéos tire 2 ou 3, cela signifie automatiquement que son adversaire a pu esquiver le coup porté. Ce dernier combat se passe exactement de la même manière, sauf s'il s'agit d'un adversaire non-humain (qui ne possède pas d'armes ou de cuirasse et que vous pourrez reconnaître à l'astérique * placé entre parenthèses devant ses points de Force).

Si Althéos est attaqué par plus d'un adversaire à la fois, le déroulement du combat est légèrement différent. Althéos les affronte les uns après les autres mais la Force de chacun d'eux augmente d'un point pour chaque compagnon survivant à côté de lui. Par exemple, si Althéos affronte trois loups (de Force 2 et de Protection 12), le premier des loups possède alors une Force de 4, le second de 3, et le troisième de 2 (la sienne propre puisque aucun autre loup ne vient après lui). Lors de tels combats, un adversaire Grièvement Blessé est écarté ; s'il en reste, ses compagnons Indemnes poursuivent le combat ; si tous sont Grièvement Blessés, vous trouverez les instructions nécessaires dans le texte.

Le combat se poursuit jusqu'à ce qu'une des parties en présence meure ou se rende. Une fois qu'Althéos ou qu'un de ses adversaires est Grièvement Blessé, la blessure reçue l'empêche bien évidemment de lutter efficacement. Celui qui souffre d'une telle blessure ne lance alors plus qu'un seul dé au lieu de deux. Dans ce cas précis, tirer 1 signifie automatiquement que vous avez manqué votre adversaire, mais tirer 6 ne signifie pas pour autant que vous avez blessé votre adversaire. Si, et seulement si tous les combattants sont Grièvement Blessés alors il leur est permis de jeter 2 dés au lieu d'1 jusqu'à la fin du combat. Une fois qu'un des combattants est Grièvement Blessé, ses chances de survie sont extrêmement réduites. Dans ce cas et contre un adversaire humain, Althéos a la possibilité de se rendre. L'adversaire accepte presque toujours (le texte vous dit exactement dans quels cas il accepte ou non) ; non seulement Althéos se trouve pénalisé d'un point de

Honte pour sa lâcheté, mais, de plus, il doit donner en guise de tribut à son vainqueur l'élément de sa cuirasse le plus important et son arme la plus puissante (en fonction de leur Force ou Protection respective - la meilleure ayant la plus grande valeur) avant de pouvoir fuir. Si un adversaire se rend, Althéos doit accepter sinon il est pénalisé de 2 points de Honte. Il peut alors dépouiller son adversaire de l'arme ou de la pièce de cuirasse qu'il désire, en gardant à l'esprit qu'il ne peut revêtir deux mêmes pièces de cuirasse (deux casques, par exemple) bien qu'il puisse en avoir de rechange. C'est à nouveau par le texte que vous saurez si un adversaire se rend ou non.
Si Althéos est Indemne ou Blessé (mais pas Grièvement), il peut tenter de battre en retraite. Chaque tentative lui coûte 1 point d'Honneur, indépendamment du résultat. Une retraite réussit si vous tirez entre 1 et 4, et échoue avec 5 ou 6, à moins qu'il n'y ait une autre indication dans le texte. Une tentative réussie pénalise d'1 point de Honte et vous devez vous rendre au numéro de paragraphe qui vous est indiqué. Si vous échouez dans votre tentative, vous n'aurez plus la possibilité de fuir et le combat devra se poursuivre jusqu'à la mort ou la soumission.
Les points d'Honneur jouent un rôle important dans le déroulement du combat. Althéos peut, si c'est son tour, les utiliser pour augmenter sa Force. Par exemple, si son Honneur est de 11 et sa Force de 9 (habileté naturelle + gains précédents), il peut ajouter 2 de ses points d'Honneur (qui se réduisent alors à 9) à son nombre de points de Force (qui passent alors à 11 points pour un tour seulement). Après le lancer des dés de l'attaque, la Force reprend sa valeur initiale mais les points d'Honneur utilisés sont irrémédiablement perdus. De la même manière, lorsque

c'est à son adversaire de jeter les dés, Althéos peut, et pour un tour seulement, augmenter sa Protection en réduisant ses points d'Honneur d'un nombre équivalent. Vous pouvez utiliser cet artifice aussi longtemps qu'Althéos possède des points d'Honneur.

Si Althéos est victorieux, il bénéficie alors de points d'Honneur dont le nombre exact est indiqué dans le texte. De plus, sa Condition Physique se rétablit totalement et il se retrouve indemne à la fin de chaque combat auquel il survit.

Exemples de combat

Althéos, équipé d'une lance (Force 3, Protection 1) et d'un casque (Protection 4), son Honneur étant de 10 et sa Honte de 0, rencontre un lion (Force 5, Protection 15). En combat, Althéos a donc 7 points de Force (4 + 3) et 15 points de Protection (10 + 4 + 1).

Althéos décide de combattre (au lieu, par exemple, de prier les dieux) et attaque donc le premier. Il doit faire un 8 pour Blesser le lion car, ajoutés à ses 7 points de Force, il égalerait la Protection du lion (15). Il tire 6 et manque le lion. Le lion, lui, a besoin de faire 10 pour toucher. Il tire 11 et Althéos est alors Blessé. Althéos attaque à nouveau. Cette fois il fait 9 et, à son tour, le lion est Blessé.

Le lion a encore besoin de faire 10 pour toucher. Il tire 10 si bien qu'Althéos est maintenant Grièvement Blessé et ne peut désormais plus jeter qu'un seul dé. Althéos a maintenant besoin de faire 8 pour Blesser le lion mais, comme cela est impossible avec un seul dé, il décide par conséquent de se servir de quelques points d'Honneur. Il en prend 3 et fait ainsi temporairement passer sa Force au niveau de 10. Maintenant, Althéos n'a plus besoin que de faire 5. Il tire 6 et Blesse Grièvement le lion. Celui-ci ne possédant aucun point d'Honneur ne peut donc plus blesser Althéos. Althéos le tue le tour suivant en utilisant à nouveau quelques points d'Honneur et bénéficie finalement de 6 points d'Honneur pour cette victoire. Sa condition physique se rétablit et il est à nouveau Indemne.

Un peu plus loin, Althéos rencontre deux Crétois, tous deux ayant 7 points de Force et 14 points de Protection. Ils possèdent chacun massue et bouclier. Les points d'Althéos sont comme précédemment de 7 points de Force et 15 points de Protection. Il a obtenu 1 point de Honte mais son Honneur est maintenant de 12 points. La Force effective du premier Crétois est de 8 points (7 + 1) à cause de la présence d'un compagnon à ses côtés. Althéos, se jugeant largement défavorisé, tente de battre en retraite. Il jette les dés, fait 5, par conséquent échoue et perd 1 point d'Honneur. C'est maintenant au premier Crétois d'attaquer puisque Althéos a perdu l'initiative par sa tentative de fuite : il a besoin de faire 7 pour Blesser Althéos mais il tire 3, ce qui, de toute façon, signifie automatiquement un coup manqué. Althéos tire 9 et Blesse le Crétois puisque ces 9 points ajoutés à ses 7 points de Force dépassent les 14 points de Protection du Crétois. Le Crétois est Blessé puis tire 5 et manque à nouveau.

Althéos jette les dés et touche encore le Crétois qui, maintenant Grièvement Blessé, s'enfuit en laissant son compagnon poursuivre le combat. Ce dernier, désormais seul, n'a plus que 7 points de Force et 14 points de Protection. Il attaque Althéos. N'ayant besoin que de faire 8 ou plus pour le Blesser, il tire 11 et Blesse Althéos. Althéos a besoin de faire 7 pour toucher mais tire 5 et rate le Crétois.

Le Crétois tire 3 et manque automatiquement. Althéos aimerait pouvoir battre en retraite mais ne peut le faire car il a déjà échoué précédemment. A la place, il prend 5 de ses points d'Honneur et bénéficie alors de 12 points de Force. Il n'a besoin alors que de faire 2, ou plus, pour Blesser son adversaire. Il tire 2 mais cela signifie un coup manqué (puisque 2 ou 3 signifie automatiquement un coup manqué) et perd ses 2 points d'Honneur. Ses points d'Honneur sont maintenant de 6 et sa Force à nouveau de 7 points.

Le Crétois tire 4 et rate encore. Althéos tire 12 et le Blesse automatiquement. Le Crétois Blessé fait un 10. Ajouté à ses 7 points de Force, cela fait 17 points, c'est-à-dire plus que le nombre de points de Protection d'Althéos ; il touche donc Althéos qui est maintenant Grièvement Blessé.

En désespoir de cause, Althéos utilise encore 5 points d'Honneur pour augmenter sa Force et la faire passer à 12, si bien qu'il n'a besoin que de tirer 2 (avec un seul dé car il est Grièvement Blessé) pour blesser son adversaire. Il tire 4 et réussit à le toucher. Les deux Crétois sont maintenant Grièvement Blessés.

Althéos se réjouit alors en pensant que les deux Crétois vont se soumettre. En se rendant au numéro de paragraphe concerné, il découvre malheureusement que les deux Crétois sont de fanatiques défenseurs du labyrinthe de Minos et qu'ils ne se rendront donc jamais. Comme les combattants ne peuvent mutuellement se blesser — les Crétois n'utilisent plus qu'un dé, et Althéos ne veut plus prendre d'autres de ses points d'Honneur car, d'une part, son Honneur aurait alors une valeur inférieure à celle de ses points de Honte, et d'autre part, s'il rate, il mourra —, les deux parties ont le droit de tirer deux dés au lieu d'un. Même si Althéos est victorieux, le peu d'Honneur qui lui reste risque de lui causer des problèmes ; peut-être devra-t-il invoquer Zeus...

Les Dieux

Les dieux font partie intégrante de la vie quotidienne d'Althéos. Au début de son aventure, il doit choisir de se placer sous la protection d'Arès, d'Athéna, de Poséidon, d'Apollon, d'Aphrodite ou d'Héra. Pendant son odyssée, il devra veiller à ne pas s'attirer le courroux des autres dieux. Au-dessus de tous, dieu suprême et impénétrable, Zeus ne pourra aider Althéos qu'une seule fois au cours de toute l'aventure. En dehors de ce panthéon, il existe beaucoup d'autres dieux, déesses et esprits mineurs dont il est également préférable d'éviter la colère. Dans le cas où Althéos s'est choisi un dieu tutélaire (déterminé ultérieurement au cours du jeu), la situation d'Althéos est fonction de son Honneur ; à certains moments, il pourra demander de l'aide à un des dieux : si le dieu indiqué est son dieu protecteur, celui-ci pourra demander à Althéos quelques points d'Honneur (parfois un nombre aléatoire) avant de lui accorder ses faveurs ; si Althéos n'a pas assez de points d'Honneur, il devra revenir au numéro de paragraphe où le choix lui avait été offert mais perdra 1 point d'honneur. Rendu à 0, il ne lui est plus possible de regagner de points d'Honneur si ce n'est en invoquant Zeus ou grâce à certains artifices. Lorsque le dieu indiqué n'est pas son dieu protecteur, il pourra être soit Favorable (F), soit Neutre (N) soit Défavorable (D) à l'égard d'Althéos. Au départ, tous les dieux ont une attitude Neutre — sauf son dieu tutélaire — mais cette attitude peut évoluer au cours de l'aventure en fonction des actes qui les apaiseront ou les irriteront.

Althéos ne pourra invoquer Zeus qu'une seule fois au cours de chaque aventure. La conséquence dépendra du choix d'Althéos :

1. Dans la mesure où le total des points de Honte d'Althéos n'est pas supérieur à ses points d'Honneur (ce qui entraîne aussi la mort), Zeus ressuscite Althéos au numéro de paragraphe indiqué dans le texte avec tout son équipement, ses points de Honte à 0 et ses points d'Honneur à 1. Lorsque Zeus vous sauve de cette manière, ne vous étonnez pas de vous retrouver en un lieu différent : c'est un des moyens qu'a Zeus d'assurer votre sécurité.
2. Zeus accorde simplement de 1 à 6 points d'Honneur (jetez un dé).
3. Si son Honneur était à 0, Zeus peut le rétablir à 1 et permettre ainsi à Althéos de regagner des points d'Honneur.
4. Zeus peut ordonner à tous les dieux de revenir à une attitude neutre à l'égard d'Althéos, indépendamment de leurs sentiments précédents.

Souvenez-vous que l'intervention de Zeus est extrêmement rare et ne peut arriver qu'une seule fois pour toutes même si le texte vous en offre plusieurs fois la possibilité.

Equipement

Bien que vous soyez un héros, vous ne partez à l'aventure que légèrement équipé d'une massue (Force 1, Protection 0), et sans cuirasse. Au cours de votre aventure vous acquerrez d'autres équipements et vous devrez les noter soigneusement dans vos Chroniques. Vous ne pouvez posséder plus de deux mêmes éléments de cuirasse (en plus de ceux que vous avez sur vous) dont les points de protection ne pourront de toute manière pas s'additionner. En revanche, il n'y a pas de limites au nombre de petits objets que vous pouvez transporter. Cette règle n'empêche pas de revêtir un plastron, des jambières, un casque etc., mais seulement de porter, par exemple, deux casques, deux plastrons, etc.

Consulter l'Oracle

A certains moments de l'aventure, vous pouvez agir différemment de ce qui est indiqué dans le texte. Ces actions possibles ne vous seront pas précisées par le texte lui-même, car cela impliquerait que vous avez un don de prescience réservé à certains voyants, mais si vous vous trouvez à un paragraphe dont le numéro est indiqué en italique (par exemple ***476*** au lieu de **476**), vous pouvez courir le risque en ajoutant 20 au numéro de paragraphe où vous vous trouvez et en vous rendant au numéro obtenu ; ce procédé s'appelle : « Consulter l'Oracle ». Si jamais un héros de l'Antiquité n'avait pu penser à commettre un tel acte, vous devez payer le prix de cette erreur de jugement soit en points d'Honneur soit en points de Honte (ou les deux). Notez bien que cette possibilité ne sera jamais indiquée explicitement dans le texte ; vous devez vous en souvenir et utiliser éventuellement cette faculté si le cas se présente.

Maintenant, vous êtes près de partir. Si vous ne l'avez pas encore fait, notez vos valeurs initiales (Force 4, Protection 10, Honneur 7, Honte 0), et votre équipement (une massue de Force 1 et de Protection 0) dans vos chroniques.
Puis rendez-vous au paragraphe numéro 1, et que les dieux vous accompagnent !

La Feuille d'Aventure

	Total de départ		Meilleure arme		
FORCE	4	+		=	
	Total de départ		*Cuirasse*		
PROTECTION	10	+ + + +		=	
HONNEUR	7				
HONTE	0				

Armes et cuirasses	F	P
MASSUE	1	0

Notes

POSSESSION : Bijou d'Aéthra

	Total de départ		Meilleure arme		
FORCE	4	+	3	=	7
	Total de départ		*Cuirasse*		
PROTECTION	10	+ 2 + 2 + +		=	14
HONNEUR	7				
HONTE	0				

Armes et cuirasses	F	P
MASSUE	1	0
BOUCLIER	0	2
PLASTRON	0	2
GLAIVE	3	0

Notes

POSSESSION : Bijou d'Aéthra

PAS DE PÉNALITÉS

Dieux

PROTECTEUR :

Favorable	*Défavorable*

Blessures

INDEMNE	☐	☐	☐	☐	☐	☐
BLESSÉ	☐	☐	☐	☐	☐	☐
GRIÈVEMENT BLESSÉ	☐	☐	☐	☐	☐	☐
MORT	☐	☐	☐	☐	☐	☐

Dieux

PROTECTEUR : Apollon

Favorable	*Défavorable*
Dionysos	Héra
Aphrodite	

Blessures

INDEMNE	☐	☐	☐	☐	☐	☐
BLESSÉ	☐	☐	☐	☐	☐	☐
GRIÈVEMENT BLESSÉ	☐	☐	☐	☐	☐	☐
MORT	☐	☐	☐	☐	☐	☐

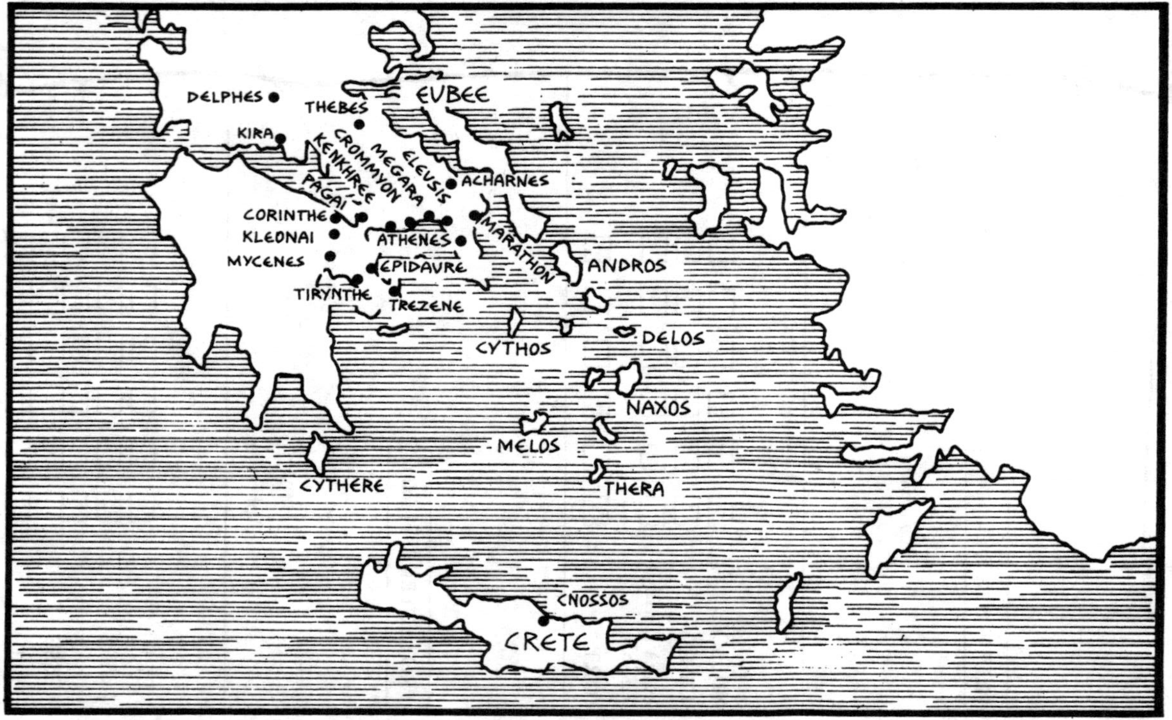
DELPHES
THEBES
EUBEE
KIRA
CROMMYON
MEGARA
ELEUSIS
KENKHREE
PAGAI
ACHARNES
CORINTHE
KLEONAI
ATHENES
MARATHON
MYCENES
EPIDAURE
ANDROS
TIRYNTHE
TREZENE
DELOS
CYTHOS
NAXOS
MELOS
CYTHERE
THERA
CNOSSOS
CRETE

La Vengeance d'Althéos

1

Accablé par le récit d'Hermès, vous sortez précipitamment de la maison à la recherche de votre mère, Aéthra. Vous la découvrez enfin dans une lointaine pâture, assise tranquillement sous un pin à garder les chèvres. Encore essoufflé par votre longue course, vous lui répétez les paroles du messager des dieux.

— Mon fils, répond votre mère, ces nouvelles m'attristent profondément. Sans doute sont-elles de vérité puisque jamais les dieux ne mentent. Tu dois te soumettre aux désirs du messager ailé. Va trouver ton père Egée, le roi d'Athènes. Prends avec toi ce bracelet car ton père qui me l'avait offert le reconnaîtra sûrement. Mais va d'abord voir Passès, le prêtre de Trézène et suit les conseils qu'il te donnera. Va, mon fils, et que les dieux t'accompagnent. Sois toujours digne de ton noble père et de ton frère disparu.

Puis, de peur que vous n'aperceviez ses larmes, elle se tourne brusquement et s'affaire près du troupeau. Vous vous attardez un instant près d'elle puis, passant le bracelet à votre poignet, vous l'embrassez tendrement et redescendez la colline. Le lendemain, lorsque Eos, aux doigts de lumière, rosit l'horizon, vous entrez dans la cité de Trézène encore endormie. Par les rues silencieuses où vous ne croisez que quelques esclaves pressés courant au service de leur maître, vous parvenez enfin au temple. Le prêtre vous salue amicalement. Il sait déjà le but de votre visite.

— Althéos, je dois te mettre en garde avant que tu ne partes. Au cours de ton voyage, tu découvriras des contrées dont tu n'as jamais rêvé auparavant et tu devras affronter de nombreux dangers. Tu ne saurais réussir sans l'aide d'un dieu. Choisis maintenant celui qui pourra te guider et, parfois même, te venir en aide si tu sais l'invoquer. Athéna, la déesse

1 *Aéthra est assise tranquillement sous un pin à garder les chèvres.*

aux yeux pers, t'offre la sagesse ; Arès, le dieu de la guerre, te donnera la force. Si Amour et Beauté te tentent, pense à Aphrodite. Apollon, l'archer des dieux, est le chef des prophéties et de la divination alors que Héra, épouse du dieu suprême, sait comment influencer favorablement Zeus. Et, comme ton voyage t'emmènera sans doute sur les mers, souviens-toi que Poséidon en est le maître. Maintenant, choisis ton protecteur dans ce Panthéon et paie lui tribut. Et que les dieux soient avec toi, Althéos, fils d'Egée.

Pour Aphrodite Rendez-vous au **42**
Pour Arès Rendez-vous au **71**
Pour Poséidon Rendez-vous au **117**
Pour Athéna Rendez-vous au **168**
Pour Héra Rendez-vous au **203**
Pour Apollon Rendez-vous au **352**

2

La route est longue et difficile et le chemin caillouteux mais, malgré la fatigue qui vous gagne, vous continuez pourtant de gravir courageusement la montagne. A mi-chemin, comme pour vous décourager, deux cavaliers, l'air absorbé par leur conversation, vous croisent rapidement sans un regard ni un salut. La poussière qu'ils soulèvent au passage vous poudre de blanc mais ils ont disparu avant que vous ne puissiez réagir. Vous atteignez enfin le sommet de la colline d'où, assis sur une grosse pierre, vous contemplez pour la première fois de votre vie la vallée fertile et accueillante qui s'étale à vos pieds. Au loin, vous distinguez les hauts murs de Tirynthe et, un peu plus à l'est, Epidaure, la cité d'Asclépios, le dieu de la Médecine. Vous buvez une longue rasade de vin avant de poursuivre, reposé, votre descente. Un peu plus bas, le chemin se divise : prenez-vous à gauche (rendez-vous au **309**) ou à droite (rendez-vous au **410**) ?

3

Le soleil, à cette heure bien au-dessus de votre lointaine cité natale de Trézène, répand sa douce lumière sur toute la terre, et ses chauds rayons bienfaisants jouent dans les feuilles des arbres. La route de Cléonai monte doucement vers les crêtes des collines basses. Frais et reposé, vous êtes plein d'ardeur à poursuivre votre périple. Une fois arrivé au sommet, vous êtes stupéfait par le panorama grandiose que vous découvrez soudain à vos pieds. A votre gauche, le golfe de Corinthe s'étale en une vaste étendue d'eau aux reflets mauves. Nichée au creux de l'isthme, la cité de Corinthe à l'Acrocorinthe formidable, tel un phare, semble surveiller la mer et guetter l'arrivée d'éventuels pirates qu'attirent les récoltes abondantes des villages avoisinants. A droite, tourné vers le Levant, vous apercevez l'un des ports de Corinthe, Kenkhrée, que borde le golfe Saronique. Au-delà, Athènes, la cité de la déesse à la chouette. Comme un pont jeté par Titan sur ces eaux, l'isthme réunit l'île de Pélops aux contrées sauvages au delà. Vous hésitez entre l'animation de Corinthe (rendez-vous au **152**) et la tranquillité de Kenkhrée (rendez-vous au **589**).

4

Vous prenez la coupe et vous versez les grains de blé dans l'eau. Immédiatement, ils s'agglutinent en une masse pâteuse en débordant sur l'autel. La foule crie d'indignation en vous voyant faire. Rendez-vous au **120**.

5

Désormais avili, votre réputation de héros fortement compromise, les dieux ne prennent pas même la peine de vous châtier et vous laissent mener votre misérable vie de criminel sans espoir d'échapper jamais à votre condition dégradante.

6

Vous êtes pénalisé de 1 point de Honte pour votre lâcheté. Si Arès est votre protecteur, rendez-vous au **157**. Sinon rendez-vous au **228**.

7

Vous frappez à la porte en bois de pin mais, comme personne ne semble avoir entendu, vous frappez plus fort et cette fois une servante vient vous ouvrir. Elle vous examine un instant d'un air surpris et appelle une femme fortement charpentée dont le tablier de laine souligne les formes massives. Apparemment, c'est elle la cuisinière. Dès qu'elle vous voit, elle vous demande votre nom d'un ton rogue. Répondez-vous : « Althéos » (rendez-vous au **280**) ou « Pyraphas » (rendez-vous au **604**).

8

La reine des Amazones est assise en tailleur sur le sol poussiéreux, une peau de léopard agrafée sur l'épaule par une broche en or.

— Voilà ce que vous cherchiez, dites-vous en lui tendant l'objet. Maintenant, quittez les rivages d'Athènes et ne revenez plus échouer vos trières sur nos plages pendant tout le temps que Zeus l'immortel surveille la Terre.

Antiope prend l'objet, le tient un instant dans ses mains puis vous apostrophe soudain :

— Toi aussi préviens les Athéniens ; si jamais vos

8 *La reine des Amazones est assise en tailleur sur le sol poussiéreux...*

guerriers reviennent au pays des Amazones, nous serons préparées au combat. Vos fils valeureux périront loin de leur patrie et, comme aux chaleurs de l'été le jardin se dessèche, l'Attique perdra les jeunes fleurs de leur jeunesse. Pourtant, en remerciement de ta générosité, je veux t'aider. Je sais déjà que tu dois aller en Crète. Là-bas, va voir Lembra, une Amazone, et dis-lui que tu es un ami d'Antiope.
Sur ces mots, elle défait la broche de son épaule et vous la donne comme signe de reconnaissance pour Lembra. Vous repartez immédiatement dire à Egée que la paix est revenue entre les deux nations. Vous gagnez 5 points d'Honneur pour avoir évité la guerre. Rendez-vous au **25**.

9

La course suivante débute peu de temps après. L'aurige pourpre se montre rapidement particulièrement inexpérimenté comme un enfant qui, se mesurant à des adultes, est en situation d'infériorité. Au moment où le char bleu vient le dépasser, le conducteur pourpre, surpris et maladroit, fait un écart soudain. Accrochés l'un dans l'autre, ils vont finir leur course folle dans le fossé. Le char jaune en profite aussitôt pour prendre la tête et termine la course dans le désintérêt général. Vous rentrez vous coucher, un peu fatigué par les courses de chars acharniennes. Le lendemain matin, bien reposé, vous repartez vers Athènes (rendez-vous au **474**).

10

— Étranger, crie l'un des satyres à votre approche, viens avec nous profiter de ces réjouissances.
On place un gobelet de vin entre vos mains et la musique recommence. Une nymphe ravissante glisse sa main dans la vôtre et vous entraîne danser. Un sang vif coule dans vos veines alors que vous vous ennivrez des fruits de la vigne et, au fil des heures, vous sombrez dans les délices dyonisiaques et l'oubli enchanteur de l'ivresse. Rendez-vous au **232**.

11

Les dieux excitent le taureau d'une fureur divine et l'envoient aux hommes. Terrorisés par la charge de la bête, ils lâchent leurs javelots et fuient précipitamment vers Kira et plus loin encore, comme ce fermier qui, ayant marché par inadvertance sur un serpent, recule et fuit, abandonnant troupeau et blé aux voleurs et aux corbeaux. Vous pouvez vous emparer d'un des javelots abandonné (Force 1, Protection 0). Si vous le lancez avant de combattre, vous conserverez malgré tout l'avantage du premier assaut et vous pourrez vous en servir jusqu'à ce que vous soyez vainqueur. Puis vous poursuivrez votre route vers Kira. Rendez-vous au **92**.

12

Vous êtes toujours assoiffé mais vous vous dites qu'il était effectivement judicieux de ne pas boire l'eau de Mycènes, où se mélange la poussière des murs qui s'effritent et les égouts de la cité. Vous vous promenez lentement dans les ruelles, profitant de l'ombre offerte par les rues étroites. Rendez-vous au **73**.

13

Vous marchez des heures. Au centre de la plaine que traverse la route, vous distinguez une ville dont les murs blancs chauffent doucement au soleil matinal. Au-dessus de vous, un aigle plane en de larges cercles avant de piquer brutalement vers le sol. Lorsqu'il s'élève à nouveau dans les airs, un petit mulot se débat faiblement dans ses serres. Vous parvenez enfin aux portes de la cité et vous vous rendez compte que vous êtes à Thèbes. Vous pénétrez rapidement dans la ville tout en souhaitant malgré tout être ailleurs. En effet, le sol gluant colle à vos sandales et votre odorat est assailli d'odeurs nauséabondes de mendiants mal lavés. Un jeune garçon s'approche de vous et, bientôt rejoint par d'autres de son espèce, tente de vous dérober vos sandales. Grimaçant d'un dégoût non dissimulé, pressant l'allure, vous parcourez les ruelles sombres et inhospitalières. Malgré votre faim grandissante, vous ne songez qu'à quitter cet endroit désagréable. Si vous désirez manger, rendez-vous au **238** ; si, au contraire, vous préférez quitter la ville en restant affamé, rendez-vous au **134**.

14

Lorsque vous passez le dernier virage, la foule emplit l'air de ses clameurs comme, au retour des guerriers, femmes et enfants saluent les vainqueurs. Vous tirez sur les rênes de vos chevaux et vous sautez légèrement à terre. Le peuple est déjà à votre hauteur et l'on s'empresse de vous offrir la couronne de lauriers de la victoire. Vous gagnez 5 points d'Honneur. Puis vous êtes promené tout autour de la ville, acclamé et fêté en héros par tous les Acharniens. Enfin vous rentrez à votre auberge où vous vous endormez aussitôt. Le lendemain, l'aubergiste vous sert un copieux petit déjeuner avant que vous ne repreniez le chemin d'Athènes (en **474**).

15

Le chien gronde d'une façon menaçante lorsque vous passez près de lui. Au moment où vous pensez être en sécurité, sa chaîne se rompt brusquement. Libéré, il se précipite sur vous et vous mord cruellement à la cheville. A force de coups de pieds, vous parvenez à lui faire lâcher prise et à le renvoyer tout gémissant à la maison de son maître. Rendez-vous au **440**.

16

Parvenu à l'extrémité de la ruelle, vous vous apercevez que vous vous êtes trompé : il n'y a aucun endroit où passer la nuit. Brusquement, deux hommes émergent de l'ombre et vous barrent le chemin. Vous vous préparez à vous défendre lorsque, soudain, un coup violent sur la nuque vous est asséné par derrière et vous laisse inconscient sur le sol. A votre réveil, vous vous apercevez que votre bourse et vos armes ont été volées. Heureusement, les bandits n'ont pas pris votre cuirasse (si vous en aviez une) bien qu'ils aient apparemment essayé. Inquiet, vous palpez votre tunique et vous poussez un soupir de soulagement en retrouvant l'argent et les objets que vous y aviez dissimulés. Vous perdez 1 point d'Honneur pour vous être laissé ainsi déposséder. Rendez-vous au **331**.

17

L'entrepôt est froid et humide. Vous entendez des rats grignoter dans un coin les réserves de Thèbes. Vous vous endormez rapidement. Votre sommeil est agité et vous vous réveillez fréquemment, en sueur et essoufflé comme un coureur de fond arrivé dernier et à qui la victoire échappe. A l'aurore, on vous pousse dehors sans ménagement. Vous apprenez que le roi vient d'être attaqué mais que, seulement blessé, il vous accorde la liberté. Malgré votre fatigue, vous allez au palais reprendre rapidement vos armes avant de partir, de peur que le roi ne meure car, alors, vous seriez sûrement exécuté. Rendez-vous au **134**.

18

Personne n'a rien remarqué et l'homme s'éloigne en trébuchant du rideau. La Pythie cesse enfin ses lamentations extatiques et le prêtre revient.

— Althéos, dit-il, voici les paroles du dieu :

« Si tu cherches la paix, bois à la santé de la Maîtresse,
Sinon luttes et combats seront tes seules richesses. »

Vous le remerciez, perplexe, puis, ayant repris vos armes, vous quittez Thèbes. Rendez-vous au **191**.

19

Vous prenez dans le bol quelques grains de blé que vous jetez sur la foule. Ils se dispersent dans le vent et le peuple crie de joie en essayant d'attraper ne serait-ce qu'un seul grain. Voyant que vous avez bien agi, vous continuez jusqu'à ce que la coupe soit à moitié vide à répandre le blé symbolique sur les citoyens, comme le paysan ensemence ses terres au printemps. Rendez-vous au **212**.

20

Deux brigands vêtus de noirs manteaux sortent brusquement des buissons et, avant que vous n'ayez le temps de réagir, vous recevez un coup de poignard dans la cuisse. Vous êtes blessé. Rendez-vous au **462**.

21

Procuste, maintenant Grièvement Blessé, au lieu de se rendre, devient fou furieux. Il ne jette plus qu'un dé et doit abandonner sa hache mais sa valeur en combat est désormais de Force 12 et de Protection 5. Si vous le tuez, rendez-vous au **315** ; si vous mourez et que Zeus vous sauve, rendez-vous au **263**.

22

Aucun véritable héros grec n'aurait eu peur si peu de temps après avoir quitté le palais de ses ancêtres. Vous êtes pénalisé d'un point de Honte et vous devez retourner en **2**.

23

Vous passez une très mauvaise nuit à grelotter de froid dans une sombre rue glacée. Le lendemain matin, les paysans qui vont travailler dans les champs de blé se moquent de vous au passage. Pour avoir passé la nuit dans cette posture déshonorante, vous perdez 1 point d'Honneur. Rendez-vous au **3**.

24

Vous plongez la dague dans sa nuque offerte. Le sang jaillit à flots comme la source d'une fontaine. Son corps se tend puis, dans un spasme final, s'immobilise enfin. Soudain horrifié par l'énormité de votre acte, vous réalisez que vous venez d'assassiner un roi. Vous êtes pénalisé de 7 points de Honte. Malgré tout, vous pouvez prendre son glaive qui procure 3 points de Force et 1 point de Protection. Au moment d'attacher le glaive à votre ceinture, vous apercevez par la fenêtre ouverte de vagues ombres se déplacer silencieusement dans la cour. Puis, presque aussitôt, vous entendez des pas précipités monter vers vous. Tentez-vous de vous échapper par la porte (rendez-vous au **249**) ou en sautant par la fenêtre (rendez-vous au **472**) ?

25

Vous retournez chez votre père, le cœur plein de fierté. Parvenu dans le grand hall où les nobles Athéniens sont à nouveau réunis, vous leur rendez compte du succès de votre mission. Aussitôt, ils vous congratulent et vous applaudissent comme si vous reveniez en héros, vainqueur des ennemis d'Athènes aux corps livrés aux chiens. Rendez-vous au **441**.

26

En la femme, vous reconnaissez Héra, la déesse aux bras blancs, votre protectrice. Rendez-vous au **543**.

27

Vous saisissez le lourd cratère pour asperger la foule de l'eau bénéfique mais, vous glissant des mains, tout se déverse en arrosant deux citoyens d'aspect vigoureux du premier rang. Poussant un rugissement de colère, ils escaladent rapidement les

24 *Le sang jaillit à flots, son corps se tend puis s'immobilise enfin.*

marches, aussitôt imités par la populace. Le plus grand des deux hommes vous immobilise les bras avant que vous n'ayez le temps de tirer une arme, et l'autre en profite pour vous porter un coup vicieux à l'estomac, qui vous plie en deux de douleur, suivi aussitôt par un coup violent sur la tête. Si vous n'avez pas encore prié Zeus, faites-le maintenant (et vous vous retrouverez en **138**), sinon la foule déchaînée vous met en pièces et, par les Enfers, envoie pourrir votre âme au royaume d'Hadès l'impitoyable.

28

La mer s'apaise soudain, les mouettes elles-mêmes cessent leurs appels déchirants lorsque, dans un silence de mort, surgit des lointains d'occident Talos, le robot de bronze. Créé par les dieux, il parcourt sans arrêt les mers crétoises, vigilant et zélé, un gigantesque glaive à la main. Ses muscles artificiels ondulent sous la peau métallique, sa bouche figée dans une grimace inhumaine, il rugit de défiance à votre vue. Vous devez affronter Talos. Il possède 14 points de Force et 18 points de Protection. Vous n'avez pas la possibilité de fuir. Si vous touchez Talos trois fois, rendez-vous au **617**. Si vous vous soumettez, rendez-vous au **443**. Si vous mourez, rendez-vous au **174**.

29

Le toucher salutaire de Zeus vous ressuscite et vos chairs déchiquetées par les dents aiguës du serpent de Poséidon se reconstituent. Vous devez poursuivre le combat soit en restant sur le pont (rendez-vous au **484**), ou en plongeant dans la mer pour affronter votre ennemi (rendez-vous au **361**).

30

Une fois passé le cavalier, vous ressortez du fossé. Mais vous n'avez pas plus tôt mis le pied sur la route que vous le voyez revenir. Au ton de sa voix, vous vous apercevez qu'il s'agit en fait d'une femme. Vous êtes pénalisé de 1 point de Honte et vous vous rendez en **107**.

31

Alourdi par votre cuirasse et le rouleau de corde que vous aviez pensé à prendre avant de plonger, vous commencez de couler. Vous vous débattez follement pour tâcher de vous libérer. Malgré le fracas de l'écume, vous entendez les rires de l'équipage et des quarante Athéniens. Près de désespérer, vous êtes soudain soulagé lorsque vous sentez qu'un bras secourable vous saisit et vous tire de l'eau. A votre grande honte, vous vous apercevez que votre sauveteur est la femme du petit bateau qui, l'ayant manœuvré à l'écart des rochers, est venue vous repêcher avec succès. Vous êtes pénalisé de 2 points de Honte. Si Aphrodite est votre déesse tutélaire, rendez-vous au **587**. Sinon, rendez-vous au **395**.

32

Prenant le blé du bol, vous le dispersez dans la foule, aidé par le vent. Dans sa joie, la foule se bat pour attraper le grain sacré, symbole de la fertilité retrouvée de la terre. Rendez-vous au **300**.

33

Une vague plus violente que les autres vous projette soudain sur le pont en emportant dans les noires profondeurs tout ce que vous possédiez. Vous parvenez pourtant à sauver les documents destinés à Minos (si vous les avez), la broche d'Antiope, ainsi qu'une arme, une pièce de cuirasse, et un objet de votre choix inscrit dans vos Chroniques qui ne soit ni arme ni cuirasse. Rendez-vous au **363**.

34

Vous invoquez alors le dieu de la mer :
— Si jamais des profondeurs de ton royaume tu peux m'entendre, il est temps maintenant de m'aider et de nous délivrer de cette créature. Il se fait soudain un bouillonnement furieux sous les vagues, un tourbillon violent où la mer aspire dans ses gouffres d'encre noire le serpent qu'elle avait abrité. Sans doute êtes-vous sauf mais Poséidon est maintenant Neutre à votre égard. Rendez-vous au **349**.

35

Quelqu'un vous supplie de la sauver mais il est déjà trop tard. L'équipage reste pantois devant votre échec et votre maladresse à sauver la femme de son horrible destin. Vous êtes pénalisé de 4 points de Honte et vous vous rendez en **608**.

36

L'intérieur de l'auberge est pis encore que ne le laissait prévoir l'aspect extérieur. Il se dégage une épouvantable odeur de nourriture avariée et de saleté. Près de la nausée, vous vous approchez pourtant du comptoir.
— Aubergiste, une chambre pour la nuit !
Imperturbable à l'autre extrémité, l'homme, incroyablement gros et adipeux, l'air lâche, ignore dédaigneusement votre présence. Près de vous, un vieillard pieds nus vous adresse la parole.
— Fils, si j'étais toi, je quitterais immédiatement cet endroit. Epidaure est infesté de bandits qui font régner la terreur autour du temple d'Asclépius le

médecin. Fuis car ils n'apprécient guère les étrangers ; à moins que, puisque tu te poses en héros, tu nous débarrasses de leur abominable présence ?, ajoute-t-il avec un peu d'ironie dans la voix.
L'aubergiste s'est approché et vous tend sans un mot la clé d'une chambre.
Prenez-vous la clé et montez-vous immédiatement vous coucher, souhaitant d'Hypnos les douces caresses (rendez-vous au **199**) ou, réagissant aux sarcasmes du vieillard, partez-vous à la rencontre des bandits (rendez-vous au **508**) ?

37

Vous vous jetez à l'attaque mais vos adversaires sont au moins aussi rapides que vous. Tirant chacun un poignard de leur chemise, ils sont prêts à se défendre. Les conspirateurs ont chacun 6 points de Force (5 + 1 pour le poignard) et 13 points de Protection (12 + 1 pour la peau d'ours). N'oubliez pas les règles de combat contre plusieurs adversaires. Si vos adversaires sont tous deux Grièvement Blessés, rendez-vous au **301**. Si vous vous rendez, allez en **450**. Si vous mourez et êtes sauvé par Zeus ou si vous quittez l'auberge et repartez sur Thèbes, rendez-vous au **134**.

38

Vous sortez rapidement du marché, le pain volé dissimulé sous votre tunique, craignant encore d'avoir été remarqué. Vous n'avez pas particulièrement faim, pourtant, tout bien réfléchi, vous ne voyez pas de raison de vous en priver. Vous mangez le pain en détruisant du même coup toute preuve de votre infamie (rendez-vous au **346**) ou vous tentez de le vendre à un passant (rendez-vous au **594**) ?

39

On vous fait grimper une pente très raide qui vous semble interminable. Vous parvenez enfin à un endroit plat où l'on vous immobilise. Vous sentez qu'on vous soulève les jambes, chacun de vos membres vigoureusement maintenu. Vous demandez grâce mais seuls des rires vous répondent. Soudain, vos ravisseurs lâchant prise, vous tentez de vous redresser. Avec horreur, vous sentez le sol se dérober sous vos pieds. Mais vous avez beau vous débattre sauvagement pendant votre chute, de plus en plus rapide, Zeus lui-même ne pourrait vous sauver de la mort.

40

Vous vous reposez un instant puis vous pénétrez sans encombres dans la ville. Vous devez trouver le chemin du palais mais vous ne savez pas comment. Devant vous s'élèvent de grandes maisons de pierre, demeures des seigneurs de la cité, mais aucune ne vous semble assez grande pour pouvoir être celle de votre père. De part et d'autre, de petites maisons de briques conduisent au centre de la cité. Vous pouvez aller à gauche (en **90**) ou à droite (**580**). Mais vous pouvez aussi demander le chemin du palais à un passant (en **426**).

41

Vous pouvez le désarmer et le livrer aux autorités de la cité pour être jugé. Vous pouvez aussi prendre sa hache (Force 5, Protection–3) et poursuivre votre route le lendemain matin. Rendez-vous au **263**.

42

Vous offrez une prière à Aphrodite puis vous commencez votre périple vers Athènes où votre père est roi. La route est complètement déserte et le soleil darde ses rayons sur le sol brûlant. Après plusieurs heures de marche, vos pieds sont douloureusement gonflés et votre vue commence à faiblir. Au loin, vous apercevez soudain un cavalier solitaire qui vient à votre rencontre. Vous cachez-vous dans le fossé en attendant qu'il passe (rendez-vous au **30**), ou poursuivez-vous normalement votre route (rendez-vous au **107**) ?

43

Le sourire du prêtre se glace brusquement sur ses lèvres comme les gelées soudaines qui s'abattent sur les champs détruisent les récoltes. Rendez-vous au **126**.

44

Si Poséidon, dieu des chevaux, vous est favorable, tirer un 5 aux dés fait avancer votre favori d'une case et vous fait perdre 1 point d'Honneur. Si Poséidon est votre protecteur, le cheval avance également d'une case mais sans qu'il soit besoin de perdre de points d'Honneur. Revenez en **391**.

45

Tirynthe semble aussi dénué d'intérêt que votre étape d'aujourd'hui. Il y a bien quelques bagarres d'ivrognes mais rien vraiment où un héros puisse intervenir. Vos jambes commencent à vous faire souffrir et vous sentez que vous devriez vous reposer des fatigues du voyage. Vous cherchez aussitôt un endroit où passer la nuit. Rendez-vous au **200**.

46

— Althéos, dit la femme, c'est moi, ta protectrice Héra que tu as si facilement abandonnée.
Vous la regardez mieux et, en effet, vous reconnaissez brusquement l'immortelle déesse. Voyant que vous vous débattez contre le courant pour revenir sur la rive, elle vous crie :
— Trop tard maintenant !
Puis elle poursuit :
— Mon talent est d'être la femme de Zeus et de pouvoir peser sur ses décisions en ta faveur chaque fois que tu m'invoqueras. Pourtant, comme tu m'as gravement offensée, je ne t'exaucerais pas avant que tu ne m'aies offert un sacrifice.
Exceptionnellement, Zeus peut vous sauver une fois de plus mais seulement si vous offrez 6 points d'Honneur à Héra (en les déduisant de votre total). Rendez-vous au **146**.

47

Le taureau vous blesse d'un coup de corne mais Zeus guérit aussitôt votre jambe. Il vous semble soudain entendre le dieu lui-même vous parler.
— Maintenant, je t'ai sauvé mais pour mériter le cadeau de la vie, tu dois tuer le taureau.
Vous poursuivez donc le combat. Si vous êtes vainqueur, rendez-vous au **225**. Si vous préférez battre en retraite, rendez-vous au **515**.

48

Talos marche vers vous à grandes enjambées, ses pieds retombant avec fracas sur le fond de la mer comme un bélier frappe de coups redoublés les portes de la ville assiégée. Vous remarquez une marque circulaire à sa cheville droite comme celle d'un trou obturé. Peut-être est-ce le seul point faible par lequel vous pourriez faire couler son sang artificiel, l'ichor ! Vous plongez dans les flots peu profonds, de l'eau jusqu'à la taille. Vous êtes rapidement à proximité de votre cible. Talos a 14 points de Force et 18 points de Protection. Vous pouvez tenter de percer sa cheville (rendez-vous au **365**) ou combattre Talos. Si vous le touchez trois fois, rendez-vous au **617**. Si vous vous rendez, allez en **443**. Si vous mourez, rendez-vous au **174**.

49

De son trône de l'Olympe, les paysages de la terre doivent sembler magnifiques à Zeus, comme à vous en ce moment la fière et splendide Athènes. Sans doute est-elle de loin la plus belle cité et, pourtant, elle ne saurait venir qu'après le divin royaume des dieux. Vous apercevez, serrés les uns contre les autres sur l'Acropole, les toits de tuiles rouges des différents temples consacrés à tous les dieux, preuve de la dévotion d'Athènes à l'Olympe ; les surpassant tous, le plus beau et le plus grand est évidemment celui d'Athéna. Sur le côté, un peu à l'écart de la cité, le palais enfin, dont les murs, humides du dernier orage, fument légèrement aux chauds rayons du soleil. Vous dévalez au bas de la colline, soudain pressé d'arriver à destination. Rendez-vous au **236**.

50

Egée passe de la joie à la gravité.

— De fait, mon fils, tu arrives au bon moment. Depuis longtemps, Athènes doit payer chaque année un tribut de sept jeunes hommes et sept jeunes filles à Minos, le roi de Crète, pour satisfaire l'appétit du Minotaure. Nous ne pouvons plus accepter ainsi le sacrifice de tant de fleurs de notre jeunesse. Sois notre messager. Va en Crète trouver Minos en lui demandant d'accepter or et argent, que nous possédons en quantité, plutôt que nos enfants, qui sont rares. S'il n'accepte pas, dis-lui bien que la guerre sera notre réponse à son refus.

Le général Etekon, barbu et bourru, interrompt ce discours.

— Et, si le pire doit jamais se produire, toutes les informations possibles nous seront utiles.

Vous lisez dans ses yeux qu'il n'espère rien d'autre que la guerre plutôt qu'il ne la craint.

— Viens, poursuit Egée en marchant vers une porte qui conduit hors du vaste hall, je vais te montrer les documents.

Attendez-vous Egée dans le hall avant d'accomplir votre noble mission (rendez-vous au **364**) ou quittez-vous l'assemblée des nobles Athéniens à la suite de votre père (rendez-vous au **123**) ?

51

Ayant quitté rapidement la ville malade de Pagai, vous parvenez à un carrefour où une statue de la triple déesse Hécate, reine du monde souterrain et déesse de la nuit, indique une direction différente de chacune de ses six mains. Dans l'une, elle porte un chiot noir décapité ; dans une autre, elle brandit une torche. Vous pouvez passer à droite de la statue, vers Eleusis (rendez-vous au **86**), ou à gauche vers Delphes (rendez-vous au **478**).

52

Allongé sur votre couche, vous restez éveillé un certain temps à analyser tout ce que vous devrez faire

51 *La statue de la triple déesse Hécate indique une direction différente de chacune de ses six mains.*

au cours de votre long voyage. Vous êtes loin de Trézène et vous avez déjà beaucoup appris alors que votre mission n'est encore qu'à moitié accomplie. Vous savez maintenant qu'il vous faudra du temps avant que les paroles du divin Hermès cessent de résonner dans votre tête. Puis, enfin, vous vous endormez. Rendez-vous au **411**.

53

C'est sans espoir. Vous n'êtes plus que deux à vous accrocher aux épaves du bateau qui flottent autour de vous. Soudain, votre compagnon lâche le banc qu'il tenait encore et disparaît sans un cri. Vous sentez vos dernières forces vous trahir lorsque, au moment où vous alliez abandonner et offrir votre âme au divin Hadès, votre dieu protecteur apparaît. Il offre de vous sauver en échange du sacrifice de 4 points d'Honneur. Si vous ne le pouvez pas, votre seul espoir reste d'invoquer Zeus. Dans tous les cas, rendez-vous au **247**. Sinon, votre corps flottera, sans sépulture, sur les bords du Léthé où, éternelle ombre errante, vous attendrez votre jugement.

54

Fatigué et furieux, vous jetez violemment le pot dans un coin où il se brise en mille morceaux. Puis vous frappez à coups redoublés sur la porte en demandant qu'on vous libère. Le garde reste muet et vous cessez alors. Le labyrinthe de Minos et la Crète semblent désormais bien loin... Peut-être votre dieu protecteur va-t-il intervenir... Rendez-vous au **569**.

55

Plus rapide que la flèche jaillie de l'arc, le dieu lui-même apparaît soudain devant vous.

— Althéos, tu cours un grand danger. Procuste

l'aubergiste force tous ses hôtes à s'adapter à son lit, à coups de hache si nécessaire. Cache-toi derrière la porte et tu pourras en juger. Mais fais vite ! Rendez-vous au **272**.

56

Il se fait alors une lumière aveuglante et vous vous apercevez soudain que vous n'y voyez plus. Hurlant de douleur comme un animal blessé, vous sentez que des bras forts vous saisissent par derrière et que l'on vous emmène rapidement. Vos ravisseurs vous poussent sans ménagement et vous trébuchez souvent sur le sol inégal, incapable de rien voir. Rendez-vous au **39**.

57

Vous croisez de nombreux pélerins mais vous ne parlez à aucun, impatient d'arriver le plus vite possible. Vous ne prêtez aucune attention non plus aux hôtels qui bordent la voie à intervalles réguliers pour que les voyageurs trouvent un peu de repos avant d'affronter à nouveau les difficultés de la route. Vous réalisez que vous approchez de Delphes à l'augmentation du nombre des pélerins, si bien que vous en trouvez toujours quelques-uns à marcher devant vous. La nuit tombe lorsque vous approchez de Kira. Rendez-vous au **339**.

58

Vous vous demandez quel rôle peut jouer l'eau dans la cérémonie et ce que vous devriez en faire. Vous la buvez (rendez-vous au **435**). Vous éteignez la flamme avec (rendez-vous au **306**). Vous en arrosez le blé (rendez-vous au **101**). Ou vous la répandez sur la foule (rendez-vous au **27**).

59

Vous rassemblez les hommes autour de vous pour leur expliquer vos intentions. Il y a plusieurs moyens de procéder. Celui des marins qui possède un harpon vous affirme qu'il pourrait s'en servir pour tuer une des vaches. Si vous choisissez cette solution, rendez-vous au **535**. Mais vous pouvez aussi tenter d'en terrasser une à mains nues en vous rendant en **565**.

60

Héra vous est favorable. Vous gagnez 2 points d'Honneur. Rendez-vous au **294**.

61

En cherchant la maison, vous trouvez un plastron de cuirasse (Protection 2). Rendez-vous au **263**.

62

La foule se tourne vers vous, attentive. Voyant leur indécision, vous les exhortez une fois de plus à épargner ces hommes.

— Ne souillez pas l'honneur de la cité par cet acte horrible, leur criez-vous.

La foule, se rendant compte que vous êtes quelque grand héros, suit votre conseil et se disperse silencieusement, laissant seuls les deux hommes. Ils vous remercient énormément de les avoir sauvés et vous affirment qu'ils vont aussitôt quitter Athènes et se rendre dans une ville plus accueillante. Rendez-vous au **394**.

63

Vous passez brusquement à l'attaque en criant : « Arrêtez brigands ! ». Mais, lâches adversaires, au moment où vous parvenez à la hauteur de l'éventaire, ils fuient tous sauf un qui, dans sa panique, trébuche sur les fruits tombés de l'étalage. Vous frappez juste et il tombe, Blessé. Sa Force est de 6 points et sa Protection de 10. S'il est Grièvement Blessé, rendez-vous au **438**. Si vous vous rendez, rendez-vous au **149**. Si vous mourez et êtes sauvé par Zeus, rendez-vous au **86**. Si vous fuyez, rendez-vous au **86** (n'oubliez pas la pénalité de Honte et d'Honneur pour votre tentative de fuite).

64

Déterminé à faire échouer leur funeste dessein, vous examinez un instant les différentes possibilités que vous offre l'inflexible Lachesis. Vous pouvez aller au palais et avertir le roi des plans ourdis contre lui (rendez-vous au **506**) ou tenter de traquer ces hommes vous-même (rendez-vous au **372**).

65

Il n'y a rien dont vous puissiez avoir peur car personne ne fait attention à vous. Vous perdez 1 point d'Honneur pour vous effrayer aussi facilement de tout, contrairement au héros valeureux qu'était votre frère. Retournez en **45**.

66

Alors que vous galopez tous deux, la femme vous révèle qu'elle est Aphrodite.

— Tu es un bon garçon, Althéos, minaude-t-elle en secouant ses cheveux d'un mouvement gracieux de la tête. Et, comme tu aimes la beauté, je veux te récompenser. Pour venger la mort de ton frère, tu devras aller en Crète et c'est un voyage éprouvant ! Une fois là-bas, avant toute chose cherche Ariane,

la fille du roi Minos. Elle t'aidera. Elle est gentille et assez jolie — toutefois pas aussi belle que moi, évidemment — et tu peux lui faire confiance. Maintenant, je t'emmène à Tirynthe où nous nous reposerons. J'aimerais te transmettre un peu de mon expérience de la vie mais, cela peut attendre que nous soyons plus confortablement installés.
Voyant que vous êtes un peu troublé par cette phrase sibylline, elle vous caresse l'épaule de façon rassurante. « Ne crains rien ! », sourit-elle gracieusement. Rendez-vous au **154**.

67

Lorsque le cheval parvient à votre hauteur, vous agrippez vivement son encolure et, d'un coup de reins, vous enfourchez l'animal. Il se met aussitôt à galoper le long de la plage en hennissant sauvagement, sa crinière dorée flottant au vent de sa course folle. Vous avez quelques difficultés à vous maintenir en croupe puis le cheval se calme, enfin dompté. A ce moment, vous apercevez au loin un vieil homme vêtu d'une longue robe verte et bleue qui se tient immobile sur la grève, un long trident à la main où s'accrochent encore quelques algues.

— Bien, vous félicite-t-il. Je suis Poséidon, dieu des océans et maître des chevaux. Pour ton habileté, je veux te récompenser. Désormais, les mers te seront favorables, poursuis ta quête sans crainte. Je t'accorde ma bénédiction si je ne peux t'offrir le courage de ton frère ou la sagesse de ton père.
Sur ces dernières paroles, Poséidon retourne à son royaume liquide, aussitôt suivi par le cheval. Vous devez en descendre rapidement avant d'être submergé par les vagues. Poséidon vous est maintenant Favorable s'il n'est pas votre protecteur. Dans tous les cas, vous gagnez 3 points d'Honneur. Encore troublé par votre rencontre avec le maître des océans, vous poursuivez votre route au-delà de Kenkhrée, vers Crommyon. Rendez-vous au **100**.

68

Le capitaine est râblé, son visage buriné par le vent et le soleil. Il accepte volontiers l'argent que vous lui proposez.
— Nous levons l'ancre dans deux heures, dit-il, et nous n'attendrons pas.
Pour passer le temps, vous flânez sur les quais à regarder les vaisseaux aux vives couleurs qui déchargent leurs marchandises en provenance des contrées les plus diverses : papyrus d'Egypte, blé des confins de la mer Noire, poteries de Crète, etc. A l'heure dite, vous retournez au navire, vous frayant difficilement un chemin dans la foule. Sur le bateau, quelques-uns des passagers font déjà un sacrifice propitiatoire au dieu de la mer pendant que l'équipage s'empare des rames. Lorsque le navire déhale, vous allez vous installer sur l'un des bancs de bois inconfortables où vos compagnons de voyage, peu nombreux, se reposent déjà. Rendez-vous au **348**.

69

Vous êtes pénalisé d'un point de honte pour n'avoir pas défendu l'honneur de votre mère Aéthra. Rendez-vous au **134**.

70

Au matin, vous êtes réveillé par un homme qui entre précipitamment dans l'auberge, l'horreur peinte sur son visage.

— Le roi est mort, dit-il, abattu par traîtrise dans la fleur de l'âge comme un arbre robuste meurt sous les coups du bûcheron qui, enfant, jouait à son ombre protectrice.

Vous êtes pénalisé de 2 points de Honte pour n'avoir pas empêché ce forfait et vous quittez la ville aussi vite que vous le pouvez. Rendez-vous au **134**.

71

Vous offrez une prière à Arès qui apparaît aussitôt devant vous, environné d'une âcre fumée.

— Tu m'as désigné, c'est le bon choix. Le dieu de la guerre. Le plus fort des dieux. Pas de ces imbécilités de sagesse libérale : des actes ! Bon, qu'est-ce qui se passe ? Ah oui ! Objectif : Cnossos. Tuer le Minotaure et revenir ! Bien ! Voilà un peu de force surnaturelle pour t'aider. Peut-être un peu démodé de nos jours mais les vieilles méthodes sont encore les meilleures.

Vous ajouterez 2 points à votre Force dans tous vos futurs combats. Puis vous partez vers Athènes dont votre père est roi. Rendez-vous au **2**.

72

Vous rampez lentement derrière le vieillard pour ne pas le déranger puis vous tirez un coin du rideau. Si

Apollon est votre dieu tutélaire, rendez-vous au **521**. Sinon, rendez-vous au **56**.

73

C'est le début de l'après-midi et le soleil tape un peu moins fort. La vie de la cité s'est ralentie. Vous passez devant un temple dédié à votre dieu tutélaire où beaucoup de gens prient. A proximité, un vieux clochard encore robuste demande l'aumône et remercie à haute voix ceux des passants qui lui jettent un peu de monnaie. Faites-vous l'aumône au clochard (rendez-vous au **233**) ou vous contentez-vous de traverser Mycènes vers Kléonai (rendez-vous au **536**) ?

74

Vous faites une dernière tentative pour persuader le garde de vous relâcher.

— Envoyez un message au roi et à la reine. Ils vous confirmeront que je suis vraiment Althéos et non un imposteur.

Rendez-vous au **241**.

75

Abasourdi par l'attitude du roi vis à vis de vous, fils de royale lignée, vous résistez vigoureusement lorsque les gardes vous emmènent dans un entrepôt sombre et humide où est stocké le blé de la cité en prévision de l'hiver. Cette nuit-là, votre sommeil est peuplé de cauchemars prémonitoires du destin qui vous attend. Le lendemain, lorsque la porte s'ouvre, vous êtes déjà résigné à votre fin prochaine. Le roi en personne pénètre dans l'entrepôt, tout taché de sang, en brandissant la tête d'un des conspirateurs.
— Tu m'as sauvé, mon ami, gronde-t-il, et je ne l'oublierai pas. Viens et joins-toi à notre fête.
Rendez-vous au **310**.

76

Vous la prenez à bras le corps mais, lorsque vous vous baissez pour jetter la pauvre femme dans les eaux tumultueuses, vous vous rendez compte que vous ne pouvez plus bouger. Votre fardeau est incroyablement lourd et vous devez la reposer sur la rive. Puis, l'examinant attentivement, vous découvrez qu'il ne s'agit pas d'une vieille femme mais de l'immortelle épouse de Zeus, Héra aux bras blancs.
— Traiterais-tu ainsi ta propre mère ? dit-elle alors. Ferais-tu cela à Trézène ? Non, n'est-ce pas ? Tu te retrouves seul désormais et tu n'apprécieras sans doute pas beaucoup.
Puis elle disparaît dans un éclair aveuglant. Vous êtes pénalisé de 2 points de Honte. Si Héra est votre protectrice, quand bien même vous l'invoqueriez, elle ne vous aidera plus (même si vous faites moins de 3 avec un dé), et vous perdrez donc 2 points d'Honneur. Si elle n'était pas votre déesse tutélaire, elle vous est maintenant Défavorable. Rendez-vous au **294**.

75 *Le roi pénètre dans l'entrepôt en brandissant la tête d'un des conspirateurs.*

77

Le vieil homme marche lentement par de larges rues ensoleillées et bien entretenues. Vous passez près du temple d'Athéna, la déesse protectrice de la cité mais l'homme continue de s'éloigner du centre de la cité, des agoras et de l'Acropole. Le clochard s'arrête enfin et, pointant le doigt, s'écrie soudain :

— Voilà ton palais. Puisse cela te satisfaire !

— Comme vous restez un instant interdit, il pousse un rire hystérique puis, avec une agilité que dément son âge, bondit dans une rue latérale et disparaît. Vous êtes pénalisé d'un point de Honte pour vous être laissé duper. Rendez-vous au **334**.

78

Même la moindre des servantes de votre mère Aéthra ne se détournerait pas de son but à cause de gens de condition inférieure, de misérables paysans ou de pauvres artisans. De votre part, c'est encore plus méprisable. Vous êtes pénalisé de 2 points de Honte. Finalement, la foule défile devant vous et vous vous apercevez soudain que ce qu'ils transportent ainsi est le corps d'un homme, le ventre ouvert d'un coup d'épée. Puis vous poursuivez votre chemin vers l'Acropole. Rendez-vous au **230**.

79

Près d'accomplir votre tâche héroïque, vous remarquez que chaque vache est marquée d'un trident, le signe de Poséidon. Elles font apparemment partie de son troupeau et en abattre ne serait-ce qu'une seule ne pourrait qu'augmenter sa colère. Vous avertissez vos compagnons du danger. Soulagé de n'avoir pas commis un tel sacrilège mais toujours sans viande fraîche, vous retournez au bateau. Rendez-vous au **595**.

80

Vous n'avez pas plus tôt saisi la hampe qu'un groupe d'Amazones, plus d'une vingtaine, vous entoure. Ce sont elles qui troublaient le silence de la nuit, attirées par le bruit des cris et des coups. Vous leur expliquez fébrilement que vous êtes un ambassadeur du roi Égée, porteur d'un anneau de paix, et que vous désirez rencontrer leur reine. Elles vous poussent alors à la pointe des lances jusqu'à une tente plus riche et plus spacieuse que les autres. Rendez-vous au **8**.

81

Ne soyez pas cupide. Vous perdez 2 points d'Honneur et vous vous rendez en **263**.

82

— Arrête-toi un moment, mon ami. Tu peux sans doute m'aider. Je ne sais d'où tu viens exactement mais comme je dois traverser les mers jusqu'en Crète, si Naxos la fiancée du soleil, Délos la sacrée, la douce Cythère ou encore quelqu'autre île lointaine est ta chère patrie, tu peux me parler de ton pays.

Les deux hommes sourient, comme au souvenir d'un endroit agréable.

— Nous venons de Crète, dit l'un d'eux, le royaume du roi Minos. Nous aimerions bien y retourner mais nous devons d'abord aller à Delphes pour écouter l'oracle d'Apollon. Lorsque tu seras en Crète, dit à la fille de Minos que tu me connais. Je me nomme Eliduros.

Vous remerciez les Crétois qui, sur un dernier signe d'adieu, repartent d'Athènes pour Delphes. Rendez-vous au **394**.

83

Poussant des cris aigus d'agonie, Tisiphone s'enfuit à l'abri d'un taillis voisin. Ses sœurs la suivent, ne se sentant plus d'humeur à se battre, non sans proférer de lourdes menaces.

— Ton cœur connaîtra l'angoisse et la peur dévorante lorsque tu rencontreras à nouveau les Furies.

Puis elles s'envolent dans la nuit glacée et disparaissent. Vous êtes pénalisé d'un point de Honte pour avoir attaqué des divinités mais vous gagnez 2 points d'Honneur pour vos prouesses au combat. Evidemment, les furies vous sont maintenant Défavorables. Rendez-vous au **501**.

84

Lachésis est une des trois divinités du destin, les Moires. Elle a deux sœurs, Clotho et Atropos. Filles de Zeus et de Thémis, elles demeurent dans un palais voisin de l'Olympe et veillent au déroulement de la vie de chaque homme. Clotho file, et sa quenouille symbolise le cours de l'existence. Lachésis dispense le sort réservé à chacun. Atropos tranche, sans jamais se laisser fléchir, le fil de la vie. Vous perdez 1 point d'Honneur pour ne pas l'avoir su. Retournez en **64**.

85

Vous remplissez votre gobelet et le vin se révèle effectivement excellent. Rendez-vous au **561**.

86

Vous parvenez à Eleusis, l'une des plus jolies fleurs d'Attique — exception faite de la prude Athènes elle-même —, l'écrin sacré des mystères de Démèter, la perle unique, gardienne aimable de la jaune Salamine ! Eleusis où vous arrivez en pleine Eleusinia, la fête annuelle des moissons consacrée à Démèter, déesse du blé aux grands yeux, aimable dame de la terre et de ses multiples fruits. Vous marchez lentement à travers la foule, rassemblée craintivement en attendant le moment où Perséphone, esprit du printemps et fille de Démèter, retournera sous terre au royaume des morts afin que s'accomplisse le cycle immuable de la vie. Rendez-vous au **416**.

87

Le garde semble avoir entendu parler d'un Pyraphas. Vous avez de la chance. Mais il ne vous laisse pas entrer, vous reproche au contraire d'avoir utilisé l'entrée principale et vous renvoie de l'autre côté. Obéissant à ses indications, vous parvenez devant une petite porte d'où émanent des odeurs de cuisine et derrière laquelle vous distinguez l'agitation habituelle des préparatifs d'une fête. Frappez-vous d'abord à la porte (rendez-vous au **7**) ou entrez-vous directement dans la cuisine (rendez-vous au **270**) ?

88

Avant tout périple en mer, vous devez offrir une prière à Poséidon. Si vous l'invoquez, rendez-vous au **194**. Sinon, rendez-vous au **348**.

89

Ayant éteint les flammes, vous reportez votre attention sur le bol. Mangez-vous le blé (rendez-vous au **269**) ? Brûlez-vous le blé sur le brasier (rendez-vous au **404**) ? Mélangez-vous le blé à l'eau (rendez-vous au **4**) ? Ou dispersez-vous le blé parmi la foule (rendez-vous au **32**) ?

90

Vous marchez quelque temps et vous parvenez enfin à un carrefour dont une des voies s'enfonce plus profondément à l'intérieur de la ville. Vous regrettez maintenant de ne pas avoir demandé votre chemin aux gardes en faction à la porte de la ville. Lorsque vous êtes à proximité de la route, vous vous rendez compte que de nombreuses personnes se sont rassemblées pour, vraisemblablement, lapider deux hommes dont les étranges habits sont brodés d'une hache à double tranchant. Étranger vous-même, allez-vous faire demi-tour et repartir (rendez-vous au **394**) ? Ou intervenez-vous pour sauver les deux hommes de la populace athénienne (rendez-vous au **489**) ?

91

Vous pouvez, soit accepter l'aide d'Athéna, perdre 3 points d'Honneur et vous rendre en **405**, soit ne perdre qu'1 point d'Honneur et vous rendre en **325**.

92

A la tombée du jour, vous arrivez enfin devant un hôtel de pélerins où vous décidez de passer la nuit.

Une fois couché, vous dormez d'un sommeil agité, ressentant d'étranges douleurs aux bras et aux jambes. A plusieurs reprises, il vous semble voir votre protecteur mais, à chaque fois que vous voulez lui parler, votre vision s'évanouit. Les dieux tenteraient-ils de vous dire quelque chose ? Vous ne pouvez qu'espérer que l'oracle saura répondre. Le lendemain matin, vous vous levez tôt pour vous rendre à Delphes, impatient d'éclaircir ce mystère. Rendez-vous au **511**.

93

Vous pensez à vous arrêter au temple pour prier votre dieu protecteur. Vous sentez un bref instant sa présence à vos côtés et il vous semble comprendre qu'il vous presse de vous rendre en Crète. Vous gagnez un point d'Honneur pour votre piété et retournez en **73**.

94

Les gens s'entassent dans une proche auberge et vous vous joignez à la bousculade générale. L'atmosphère est humide et partout sèchent des vêtements. Vous vous réchauffez près du feu. Incapable de vous payer quelque chose à boire puisque vous n'avez plus d'argent, vous vous contentez d'écouter les conversations. Peut-être entendrez-vous quelque chose qui vous aidera ?

— ... elle était déjà désignée avant même que l'autre soit partie...

— ... mais, dans la dernière course, ils se sont tous carambolés et deux d'entre eux sont morts...

— ... apparemment la reine fait son vin elle-même. Tout le monde dit qu'il est fameux...

Quelqu'un vous bouscule pour s'approcher du feu. La pluie a maintenant cessé et l'auberge se vide lentement. Vous ressortez vous aussi et vous retrouvez avec plaisir le soleil de fin d'après-midi. Rendez-vous au **198**.

95

Si jamais vous vous trouvez en mauvaise posture au cours d'un combat, touchez cette baguette et elle se transformera en épieu (Force 6, Protection 0). Vous ne pourrez le lancer qu'une seule fois contre vos ennemis avant qu'il ne redevienne simple baguette. Rendez-vous au **492**.

96

Vous marchez vers l'est, à l'opposé d'Athènes, mais vous voyagez lentement car vous craignez encore que le taureau ne vous surprenne. Vous passez par des paysages souriants et traversez de petites villes — Céphise, Décéléa, Oénoé — mais sans leur prêter grande attention. Au crépuscule, vous apercevez enfin la plaine de Marathon, à près de 5 stades de là. Allez-vous directement en ville demander où se trouve le taureau pour le tuer (rendez-vous au **201**) ? Ou restez-vous là, en espérant apercevoir l'animal (rendez-vous au **397**) ?

97

Alors que vous tentez de fuir le combat, vous êtes aussitôt rattrapé par quelques Amazones et fait prisonnier. Vous poussant sans ménagement, elles vous emmènent à un poteau de bois où elles vous enchaînent et prennent toutes vos armes. Vous suivez le déroulement du combat, impuissant, comme les mortels désarmés assistent aux luttes titanesques que se livrent entre eux les dieux indifférents à leur sort misérable. Rendez-vous au **150**.

98

Vous avez contracté la peste mais vous avez la chance d'être encore en vie. Vous restez alité et fiévreux pendant des jours, maudissant le jour où vous avez rencontré le dieu de la médecine. Vos prières à l'Olympe sont sans effet. Lorsqu'enfin vous pouvez repartir, convalescent, votre Condition Physique est celle d'un Blessé jusqu'à votre arrivée à Athènes (dans la mesure, évidemment, où vous n'êtes pas Blessé en chemin). Près d'abandonner à nouveau, la déesse Athéna vous apparaît soudain. Rendez-vous au **213**.

99

Le char de tête, perdant tout contrôle, heurte violemment le mur avant de poursuivre sa course folle dans la foule. Ses concurrents, incapables de freiner à temps, viennent s'écraser derrière lui, vagues successives qui éclateront sur la côte. Roues, essieux, morceaux de bois brisés s'envolent dans tous les sens et retombent sur les spectateurs affolés qui, tentant désespérément d'y échapper, se piétinent les uns les autres, abandonnant sur place dans leur panique : torches, bâtons, vêtements. Soudain, le feu se communique à l'un des chars et, bientôt, tout s'embrase. En titubant, vous vous extirpez difficilement des décombres. Deux auriges sont morts mais le conducteur du char jaune a réussi à s'échapper. Quelques spectateurs qui tentaient de libérer les chevaux survivants sont aussitôt repoussés par la chaleur du brasier. Vous vous écartez de l'incendie. Vous êtes pénalisé de 5 points de Honte pour cet accident mais vous gagnez 5 points d'Honneur pour avoir survécu au danger. Lorsque vous atteignez l'auberge, le feu est maîtrisé et vous pouvez dormir sans problème. Le lendemain matin, vous repartez tranquillement sur Athènes (rendez-vous au **474**).

100

Arrivé à proximité d'une taverne brillamment éclairée, vous voyez les gens courir dans toutes les directions, une panique folle dans les yeux. Vous tentez de retenir un des hommes mais il vous repousse brutalement, ne voulant s'arrêter pour personne. « La truie », lance-t-il en courant. Entendant cela, d'autres se joignent au sauve-qui-peut général et fuient les abords du port. Vous vous retournez pour voir ce qui se passe, et là, menacante, se tient une énorme laie au poil brun-rouge, son groin immonde écumant de bave. Elle s'avance vers vous, tête baissée, prête à charger. Fuyez-vous précipitamment, tel l'Hermès aux pieds ailés (rendez-vous au **493**) ? Ou affrontez-vous la truie de Crommyon (rendez-vous au **176**) ?

101

Vous versez l'eau sur les grains ce qui produit aussitôt une bouillie brune sur l'autel. La foule semble déçue et pousse même quelques cris de colère. Rendez-vous au **120**.

102

Maintenant armé de pied en cap, vous prenez le temps d'adresser des prières à votre dieu protecteur.

99 *Le char heurte violemment le mur avant de poursuivre sa course folle dans la foule.*

Puis, installé au sommet d'une des hautes tours du mur d'enceinte, vous observez le champ de bataille. Chacun de leur côté, Athéniens et Amazones alignent leurs troupes en ordre de bataille, les étendards flottant doucement à la brise matinale. Le silence soudain précède la tempête. Enfin les deux armées s'affrontent, s'entrechoquent et se heurtent, comme deux torrents en crue, dévalant en cascade, se jettent l'un dans l'autre du poids de toutes leurs eaux, tonnerre assourdissant d'écumes mélangées. Telles sont les fureurs et clameurs du combat. Impatient de vous battre, vous vous frayez rapidement un chemin parmi la soldatesque comme un félin sauvage avance sur sa proie. Bientôt, un groupe d'Amazones, les cheveux retenus par des rubans tressés de fils d'or et d'argent, leurs corps magnifiques vêtus de peaux de bêtes, brandissant leurs sarisses mortelles, s'approche des Athéniens que vous avez rejoints. Les attaquez-vous en vous couvrant d'une peau de lion (rendez-vous au **353**), de léopard (rendez-vous au **124**) ou d'une peau d'ours (rendez-vous au **262**) ?

103

A la nuit tombée, vous êtes de plus en plus épuisé. Vous vous laissez tomber à terre et vous sombrez immédiatement dans un sommeil profond et réparateur. Rendez-vous au **237**.

104

L'homme part en boitillant et vous fait signe.
— Suis-moi, je vais t'indiquer le chemin du palais, dit-il seulement. Rendez-vous au **77**.

105

Vous remettez l'une des dernières pièces que vous avait confiée votre mère à votre départ de Trézène et vous poursuivez sur Kira. Mais, pour avoir cédé si facilement à la menace, vous êtes pénalisé d'un point de Honte. Rendez-vous au **92**.

106

Ces papiers ne présentent finalement que peu d'intérêt pour vous, si ce n'est un petit poème disant de faire attention aux boiteux, d'aider les serpents de mer et, surtout, de ne vous nourrir d'aucun des bœufs de Mélos. Vous avez à peine fini votre indiscrète lecture que vous entendez soudain du bruit. Désespéré de n'avoir pas trouvé ce que vous cherchiez mais peu désireux d'être découvert, vous retournez rapidement vers le port. Vous êtes pénalisé d'1 point de Honte et vous vous rendez au **475**.

107

— Bonjour étranger, vous salue aimablement le cavalier, en fait une très belle jeune femme. Tu sembles marcher depuis longtemps et tu as l'air fatigué. Je peux t'offrir nourriture et réconfort. Veux-tu m'accompagner ? Monte derrière moi et tiens-toi bien.
Si vous acceptez, rendez-vous au **66** ; si vous refusez, rendez-vous au **135**.

— Père ! vous écriez-vous, (et vous réalisez brusquement que c'est la première fois que vous appelez Egée de cette façon). Il existe un moyen d'éviter aux guerriers d'Athènes les douleurs de la mort sans leur ôter, pour autant qu'ils vivent encore, la fierté de remettre leurs casques aux crinières équines. Car la seule raison de votre inimitié entre les Amazones et vous est un peigne d'or consacré à Héra. On ne peut s'attendre à rien de bon en le gardant. Le rendre ne serait pas déshonorant et pourrait écarter de nos têtes les menaces d'Hadès.

Egée vous remercie de ce sage conseil car il est fatigué des guerres et n'a pas le courage de combattre les Amazones. Puis, allant rapidement dans la salle du trésor, il en revient bientôt porteur du peigne de discorde.

— Va vite maintenant, dit-il, et rends ceci à Antiope pour que la paix ne cesse.

Allez-vous armé au camp des Amazones (rendez-vous au **573**) ou y allez-vous sans armes, en messager pacifique (rendez-vous au **367**) ?

109

Dans cette partie de la ville, les demeures sont toutes plus magnifiques les unes que les autres. Un chien monte la garde et vous vous en approchez avec hésitation, ne sachant pas jusqu'où le retient sa chaîne. Rendez vous au **15**.

110

Vous gagnez 6 points d'Honneur pour votre victoire. Puis, d'un geste, vous indiquez aux bandits maintenant désarmés de descendre. Dès que l'aubergiste vous aperçoit, il s'approche comme pour vous dire quelque chose mais, à la vue de vos prisonniers, retourne précipitamment servir ses clients — bergers et paysans qui profitent du soleil matinal pour boire, apparemment peu pressés d'aller dans leurs champs ou de surveiller leurs troupeaux. De chaque côté de la route les arbres se balancent doucement dans la brise. Guidé par les bandits, vous vous rendez au temple. Vous en admirez les hauts et fins piliers de marbre blanc que Cronos le Niveleur n'a pas encore souillés, lorsqu'un mouvement soudain vous tire de votre rêverie. Vous vous retournez juste à temps pour voir que vos prisonniers en ont profité pour fuir. Vous n'avez aucune chance de les rattraper. Rendez-vous au **216**.

111

Quelques minutes plus tard, vous sortez de votre torpeur. Vous êtes perdu, la nuit tombe et c'est à peine si vous apercevez la lune entre les feuilles serrées des arbres. Au loin, vous entendez rire et chanter aux accents aigus de flûtes et de pipeaux. Uniquement guidé par le bruit, vous parvenez enfin à l'orée d'une clairière tout éclairée par les blancs rayons de l'astre nocturne. Vous restez alors interdit devant le spectacle qui s'offre à vous de nymphes et de satyres folâtrant gaiement dans un abandon sauvage. Rendez-vous au **467**.

112

Vous êtes sur la route de Delphes où réside l'oracle. Demandez là-bas. Vous êtes pénalisé d'un point de Honte et vous vous rendez au **511**.

113

Vous pouvez lui offrir l'un des objets suivants : La broche en épi de blé (rendez-vous au **610**). La coupe en or (rendez-vous au **246**). Le bijou de votre mère (**288**). Le miroir orné de pierreries (rendez-vous au **481**). Si vous n'en possédez aucun ou que vous ne vouliez pas risquer de perdre votre pari, rendez-vous au **9**.

114

Inutile de fuir ! Vous auriez dû faire confiance aux dieux. Alors que le sang commence à vous étouffer, vous avez le temps de prier Zeus. Mais il ne vous entendra que si vous ne l'avez pas encore dérangé. Si c'est le cas, rendez-vous au **144**. Sinon, c'en est fini de vos héroïques luttes...

115

Un homme vêtu d'une cuirasse monte rapidement les marches et, vous poussant, vous fait tomber dans la foule des pélerins. Vous réalisez que vous venez d'être chassé du temple. Vous perdez 2 points d'Honneur. Vous n'avez plus qu'à reprendre vos armes à l'endroit où vous les aviez laissées et à quitter Delphes pour aller à Thèbes (rendez-vous au **191**).

116

Parvenu à un petit carrefour à l'entrée même de la ville, vous voyez quelques hommes rassemblés

111 *Dans une clairière, nymphes et satyres folâtrent gaiement...*

autour d'un petit autel. L'un d'eux porte une faucille et un autre tient un chiot noir gémissant. Puis, dans le soleil qui allonge démesurément leurs ombres comme celles d'étranges géants, l'officiant s'approche de l'animal, prêt à frapper. Passez-vous rapidement votre chemin (rendez-vous au **188** ou intervenez-vous pour sauver l'innocente bête (rendez-vous au **576**) ?

117

Vous priez Poséidon, l'ébranleur de la terre, et le sol se met à trembler soudain sous vos pieds. Levant les yeux, vous voyez les eaux de la fontaine se transformer en la figure d'un vieil homme à barbe blanche.
— C'est donc toi Althéos, n'est-ce pas ? Tu ne vaux pas la moitié de la valeur de ton père. Ou même de ton frère. Enfin... Appelle-moi si tu dois parcourir les mers mais, jusque-là, laisse-moi tranquille !
Les voies des dieux sont impénétrables. Vous repartez vers Athènes. Rendez-vous au **2**.

118

Zeus, dispensateur de vie, apparaît et touche doucement vos membres blessés. Paralysé par sa majestueuse présence, vous vous évanouissez et, lorsque vous reprenez conscience, vos terribles blessures sont guéries et vous pouvez repartir. « Si seulement, pensez-vous, je n'avais pas permis au sommeil d'obscurcir mes esprits, j'aurais fait plus attention aux avertissements de l'Olympe. » Rendez-vous au **263**.

119

Malgré leurs graves blessures, les hommes ne semblent pas vouloir se rendre. Vous vous retournez alors pour quitter la cuisine et vous comprenez alors pourquoi : quatre gardes bloquent cette issue et trois autres barrent le chemin du palais. C'est sans espoir. Découragé, vous vous laissez désarmer et vous vous rendez au **459**.

120

La prêtresse s'avance et s'adresse une fois de plus à la foule :

— Citoyens, cet homme n'est pas l'un des nôtres mais un étranger. On ne pouvait espérer qu'il connaisse nos rituels.

Puis, se tournant vers vous, elle dit doucement :

— Étranger, va maintenant et poursuis ta route.

En repartant, vous la voyez choisir un autre participant au culte d'Eleusis. Rendez-vous au **138**.

121

Vous êtes pénalisé d'un point de Honte pour vous être rendu. Malheureusement pour vous, l'homme ne montre aucune pitié et la terreur vous envahit en même temps que s'abat son glaive. Vous avez déçu Apollon, et Zeus ne vous aidera pas.

122

Les brèves lueurs que jette la lampe de celui qui s'approche vous permettent d'apercevoir sur la table les documents destinés au roi Minos de Crète que vous a confiés votre père Egée et que le capitaine a dû oublier dans les vapeurs de l'ivresse. Les ramassant rapidement, vous vous précipitez au dehors. Là, vous affrontez une seconde l'aubergiste, surpris et grimaçant. Mais vous ne vous arrêtez pas et vous poursuivez votre course vers le port en dévalant les rues sombres. Vous êtes pénalisé d'un point de Honte et vous vous rendez au **575**.

123

La porte s'ouvre sur une grande pièce nue que divise un rideau de soie. Derrière, le petit bureau où votre père rédige les édits de loi. Souvent, ce sont des scribes qui le font à sa place mais, aujourd'hui, il s'agit d'un document secret. Rendez-vous au **155**.

124

L'Amazone à la peau de léopard a 8 points de Force et 15 de Protection. Si vous mourez et êtes sauvé par Zeus, rendez-vous au **572**. Si vous fuyez, rendez-vous au **97**. Si vous vous rendez, rendez-vous au **376**. Si vous Blessez Grièvement l'Amazone, rendez-vous au **366**.

125

Jetez un dé. Vous perdez le nombre de points d'Honneur indiqué par le dé dans votre prière à Poséidon et vous vous rendez au **424**. Sinon, vous affrontez la mer écumante sans faire appel au dieu des Océans. Rendez-vous au **257**.

126

Le prêtre fait signe à deux acolytes aux carrures impressionnantes. Ils s'avancent lentement, visiblement prêts à vous expulser du temple d'Apollon. Ne voulant pas profaner les lieux en y versant le sang, vous filez rapidement par la porte, reprenant vos armes au passage, et vous vous retrouvez en route directement pour Thèbes (rendez-vous au **191**).

127

L'aubergiste, encore terrifié malgré votre acte de soumission, se contente de vous expulser de l'auberge sans même tenter un geste contre vous et bloque aussitôt la porte avec les trois barres de bois. Rendez-vous au **23**.

128

Le peigne d'or sacré à la main, vous partez pour le camp des Amazones. Vous pensez soudain que de vous y rendre sans vous faire reconnaître revient à entrer dans la tanière d'un lion blessé à la patte qui, bien qu'immobilisé, s'empresse de dévorer celui-là même qui venait le soigner. Vous marchez alors en tenant le grand peigne bien en évidence devant vous, presque aussi large qu'un bouclier ; les Amazones qui vous regardent approcher ne se risquent pas à vous affronter car elles risqueraient de profaner par votre sang répandu l'objet le plus sacré de leur pays. Au contraire, elles vous escortent jusqu'à la tente de leur reine, leurs longues sarisses vous interdisant tout écart. Rendez-vous au **8**.

129

Auriez-vous peur des chiens ? Croyez-vous qu'ils mordraient un héros ? Vous perdez 1 point d'Honneur. Rendez-vous au **15**.

130

Vous pouvez prendre leurs couteaux (Force 2). Retournez maintenant au **110**.

131

Vous pouvez aller rejoindre ces créatures sylvestres et leur demander l'hospitalité (rendez-vous au **10**) ou poursuivre votre route dans la nuit dans l'espoir d'arriver rapidement à Thèbes (rendez-vous au **616**).

132

Vous buvez d'un trait et vous sentez aussitôt que le vin a un goût amer. Vous commencez à étouffer, avec comme une main énorme vous enserrant les poumons. Le vin était empoisonné. Vous murmurez encore quelques paroles incohérentes avant de ne plus pouvoir respirer. Vos aventures sont terminées et vous allez errer jusqu'à la fin des temps, ombre pitoyable, au royaume d'Hadès, à moins que vous puissiez invoquer Zeus. Si oui, vous reprenez vos esprits après quelque temps, et vous vous retrouvez encore à table, entouré d'une nombreuse assistance. La reine s'est enfuie. Rendez-vous au **170**.

133

La déesse aux grands yeux n'est pas plus tôt partie qu'elle revient, mais seule.

— Suis-je bête, murmure-t-elle. L'immortalité me fait perdre la mémoire. Je suis sûre que j'avais quelque chose à te dire. Ah oui ! Cette chère petite Ariane... Non, ce n'était pas cela...

Elle fronce les sourcils et semble réfléchir intensément.

— Enfin, peu importe !, ajoute-t-elle en secouant ses longs cheveux.

Puis, au moment de repartir, elle pouffe soudain et sourit, la main devant la bouche, en disant :

— J'ai trouvé !

— Qu'est-ce que c'était ? demandez-vous.

Elle minaude un peu et répond :

— Demande-le moi gentiment ou je ne dirai rien, vous souffle-t-elle à l'oreille...

Fatigué, vous quittez Mégare et reprenez la route d'Eleusis, encore émerveillé des beautés de la déesse aux bras blancs. Rendez-vous au **86**.

134

La reconnaissance au cœur, vous quittez la cité de Thèbes. Vous marchez sur la route, dépassé par des

132 *Vous buvez d'un trait et vous sentez aussitôt que le vin a un goût amer. Le vin était empoisonné...*

paysans en chars à bœufs qui vont doucement vers Acharnes. Le chemin est craquelé et creusé d'ornières et les champs de chaque côté sont inondés par les torrents printaniers. Un arbre déraciné vous barre la route mais vous l'enjambez sans problèmes. Bientôt vous parvenez aux pieds des collines d'Acharnes. La montée est rude et, s'il n'y a pas de neige, le vent est glacé et vous frissonnez légèrement. Enfin au sommet, vous distinguez les premières maisons de la ville, à peine visibles dans le crépuscule. Rendez-vous au **116**.

135

— Ah, folle jeunesse, gronde-t-elle. Je suis Aphrodite, la déesse que tu as élue.
Sur ces mots, elle se montre dans toute sa divine beauté. Puis elle poursuit, souriante et coquette, coiffant ses longs cheveux de sa fine main pâle :
— Ne sois pas si timide, idiot. Tiens seulement ta promesse d'aller en Crète. Là, tu trouveras une jeune fille appelée Ariane. Sauve-la. Maintenant, continue ton chemin vers Athènes et la maison de ton père. Souviens-toi que je suis ta protectrice : tu dois honorer la beauté car un jour la beauté te sauvera.
Lorsqu'elle disparaît, il fait sombre et vous ne voyez aucune lumière devant vous. Si vous décidez de vous coucher sur le bord de la route, rendez-vous au **237** ; si, en revanche, vous décidez de repartir, rendez-vous au **103**.

136

Le taureau est de Force 10 et de Protection 18. Si vous êtes vainqueur, rendez-vous au **282**. Si vous fuyez, rendez-vous au **515**. Si vous mourez et que Zeus vous sauve, rendez-vous au **335**.

137

Le chant du barde résonnant encore à votre esprit, vous marchez rapidement à travers la ville. Vous parvenez bientôt à un carrefour. Tournez-vous à gauche dans une rue bordée de pauvres maisons (rendez-vous au **394**) ou à droite vers un quartier moins peuplé (rendez-vous au **109**) ?

138

Poursuivant votre voyage, vous laissez Eleusis derrière vous. La route est bordée d'oliviers. Parvenu à quelque distance de la ville, vous remarquez un sentier sur votre gauche que rejoint la route. Indécis, vous vous arrêtez au carrefour dans l'espoir qu'un voyageur vous indique quelle direction prendre. Au bout d'un moment, comme personne ne vient, vous décidez de repartir. Prenez-vous le sentier (rendez-vous au **531**) ou continuez-vous sur la route (rendez-vous au **474**) ?

139

Le guerrier à la lance ressemble trait pour trait à votre protecteur, Arès. Rendez-vous au **543**.

140

A mesure que la soirée s'avance, vous vous rendez compte que le vin vous fait plus d'effet qu'il ne devrait. Vous tentez de vous lever mais vous n'arrivez plus à bouger. Le bruit des conversations s'estompe et vous sombrez bientôt dans l'inconscience. Rendez-vous au **560**.

141

Vous manœuvrez le bateau pour l'éloigner des récifs. La femme passe ses bras autour de votre cou et vous embrasse tendrement sur le front. Juste au moment où vous vous réjouissez, la femme à la voix rauque disparaît et vous vous retrouvez en train de nager vers votre navire. Vous gagnez 3 points d'Honneur. Rendez-vous au **608**.

142

Vous atteignez finalement le Pirée, le port d'Athènes. Une multitude de gens y travaillent au chargement et au déchargement des marchandises en provenance des îles. Votre navire est bien visible : un solide vaisseau battu des tempêtes, aux voiles noires, drapé de noir, et dont l'équipage est également vêtu de tuniques sombres. Un petit homme en tunique rayée de blanc, le capitaine, vous fait signe. Il a retardé son départ pour vous. Le navire doit appareiller dans les dix minutes sinon vous devrez attendre la prochaine marée. Vous embarquez rapidement et on vous indique une grande pièce sous le pont où l'équipage dort et laisse ses affaires. Vous y déposez vos armes et rejoignez le capitaine. Rendez-vous au **327**.

143

Vous vous précipitez sous la pluie de pierres sans craindre pour votre vie. Lorsque vous atteignez l'endroit où se tenait l'homme, il n'y a plus personne. Le guerrier a disparu et les chutes de pierres ont cessé. On s'est moqué de vous et vous êtes un peu désemparé. Seul reste le boiteux, l'air en colère.

— Tu as sauvé Arès et non Héphaïstos. Sans doute as-tu cherché à éviter la lance et je ne te punirai pas. Cependant, Althéos, désormais tu devras toujours aider les boiteux et les infirmes et tu devras en répondre devant moi.

Sur ces mots, le dieu se dirige vers le pied de la falaise et disparaît. Rendez-vous au **495**.

144

Vous vous retrouvez allongé à côté de la fontaine, cherchant votre souffle, dépouillé de toutes vos armes et pièces de cuirasse. Vous reprenez rapidement vos esprits et vous quittez le temple avant que les deux hommes ne reviennent. Titubant, trébuchant, vous partez sans savoir où. Rendez-vous au **536**.

145

Même si vous avez réussi à vous échapper, vous êtes pénalisé d'un point de Honte, et Asclépios vous est maintenant défavorable. Rendez-vous au **536**.

146

— Va dans le labyrinthe crétois, poursuis la reine des dieux, et prends soin de ta cuirasse. Ne t'attire pas la colère du roi Minos et tâche de ne pas être trop brutal avec le Minotaure. Repose-toi bien et reste à l'écart de cette chipie d'Ariane. Maintenant, voici ce que tu dois faire. Trouve le centre du labyrinthe et là tu trouveras ton frère. Mort, évidemment ! Près de lui, tu verras l'épée qu'il a laissé tomber lorsqu'il a succombé. Elle commence à peine à se rouiller si bien que les dieux inférieurs se contentent de la regarder comme un bel ornement. En tous cas, c'est moi qui l'ai donnée à Egée et elle est encore bonne. Pars vite et sors de cette rivière absurde.

Sur ces mots, la déesse disparaît et va surveiller ce que fait Zeus. Rendez-vous au **294**.

147

Vous passez devant le chiot et la statue, et vous descendez dans un sombre tunnel. Vous avez de plus en plus de mal à avancer. Le vent et la poussière vous irritent les yeux et vous devez bientôt marcher à l'aveuglette. Finalement, vous parvenez au bout de ce couloir. Rendez-vous au **585**.

148

Vous vous éloignez du temple en vous demandant ce qui se serait passé si vous aviez tenté de sauver la jeune fille. Pour avoir ignoré la beauté, Aphrodite vous est maintenant défavorable. Vous sortez de la ville et vous vous dirigez lentement vers Eleusis. Rendez-vous au **86**.

149

L'homme est étonné que vous vous soyez rendu.

- Je m'aperçois que tu es un homme raisonnable, dit-il. Viens avec moi et rejoins notre bande.

Acceptez-vous son offre (rendez-vous au **522**) ou quittez-vous le marché et Mégare pour repartir vers Eleusis (rendez-vous au **86**) ?

150

Vous vous êtes probablement endormi car, à votre réveil, vous êtes cerné par un groupe de guerriers. Votre voyage s'arrête ici. Lorsque vous ouvrez à nouveau les yeux, vous vous rendez compte qu'il s'agit d'Athéniens. Voyant que vous êtes Althéos, ils envoient chercher un forgeron qui vous délivre rapidement. Il est clair que les Athéniens sont vainqueurs et vous retournez au palais d'Egée lorsque la

146 *« Trouve le centre du labyrinthe et là tu trouveras ton frère. Mort, évidemment ! »*

nuit, escortée de la lune argentée, prend possession de son royaume céleste. Vous êtes cependant pénalisé de 2 points de Honte pour avoir été capturé et humilié par vos adversaires. Rendez-vous au **441**.

151

Les Athéniens se rendent compte avec horreur qu'ils ont attaqué un héros. Sans même attendre leurs femmes, ils dévalent la rue et vont se réfugier dans une proche taverne. Leurs compagnons les rejoignent puis, vous jetant un dernier regard de haine et de mépris, la jeune femme dont celui qu'on allait enterrer était apparemment le mari s'en va elle aussi. Vous ne gagnez que 3 points d'Honneur pour votre victoire car vos adversaires étaient inexpérimentés et bien faibles. Maintenant, vous repartez vers l'Acropole. Rendez-vous au **230**.

152

Vous descendez lentement la colline vers la métropole car les pierres aiguës du sentier rocailleux roulent dangereusement sous vos pieds. Disséminés sur les pentes herbues, des moutons paissent paisiblement sous la surveillance nonchalante des bergers. Arrivé à proximité de la ville, vous êtes sans cesse dépassé par de lourds chars à bœufs qui font la navette entre Corinthe et le port de Kenkhrée. Rendez-vous au **211**.

153

— Fou ! crie Alecto lorsque vous tombez à genoux, fou que tu es de vouloir lutter contre les Furies ! Si nous ne pouvons te châtier maintenant, il n'y aura bientôt pas un endroit sur terre où tu pourras te cacher pour échapper à notre vengeance, et là tu maudiras le jour où ta mère t'a enfanté.

Vous êtes pénalisé d'un point de Honte (en plus du point normal pour vous être rendu) et vous savez que les Furies vous sont maintenant défavorables. Rendez-vous au **167**.

154

Le cheval de la déesse est rapide et vous arrivez bientôt à Tirynthe. Lorsque vous indiquez une auberge à l'enseigne peinte de couleurs vives « Chez Procuste », la déesse secoue la tête :
— J'ai ma propre maison, près d'ici. Beaucoup plus confortable.
Vous parcourez doucement les rues sombres et vous parvenez enfin devant une grande demeure dont la seule cour est déjà plus grande que la maison où vous avez vécu toute votre vie. Dans toutes les alcôves et les moindres recoins, vous apercevez des statuettes de korês en céramique bleue.
— C'est moi, vous souffle la déesse à l'oreille. Plutôt bien, non ? Celle-là est superbe, malheureusement les bras manquent.
Vous entrez et vous vous asseyez. Puis vous demandez quelle expérience de la vie elle désire vous apprendre.
— Plus tard, susurre Aphrodite.
Rendez-vous au **223**.

155

Le roi s'assoit, soucieux, rassemble ses esprits et commence :
— Althéos, dit-il, il est certaines choses que je dois t'expliquer et je ne pouvais le faire devant les nobles de la cité et les étrangers. Minos est un homme implacable et j'ai peur qu'il n'accepte pas notre proposition. Que le Minotaure soit tué et il en compren-

dra alors peut-être tout l'intérêt ou sera même trop faible pour combattre de nouveau les Athéniens puisqu'il paraît que c'est ce monstrueux animal qui procure à ses soldats une force divine. Je vais donner des instructions au capitaine du navire qui va t'emmener pour qu'il mette des voiles noires. Si tu es vainqueur du Minotaure, mets des voiles blanches que je sache de loin si tu as réussi. Mais fais vite car la colère du peuple s'enfle chaque jour davantage contre cet odieux tribun et mes gardes ont déjà dû envoyer cinq hommes au royaume d'Hadès. Maintenant, avant que tu ne partes, il est un autre service que je voudrais te demander. Les Amazones, ces redoutables femmes guerrières, approchent de notre cité et vont l'assiéger. Personne ne sait vraiment pourquoi, pas même le devin Honis. Athènes aussi aurait besoin de ta vaillance pour combattre cette menace.
Puis Egée prend son calame et un parchemin, et rédige rapidement les lettres destinées au roi Minos de Crète. Lorsqu'il a fini, il les scelle de cire chaude et vous les remet. Remerciez-vous Egée et allez-vous vous reposer dans votre chambre en attendant l'attaque du lendemain (rendez-vous au **52**) ou restez-vous éveillé de peur que l'assaut ne soit donné cette nuit (rendez-vous au **497**) ?

156

— Tu as trahi la confiance de ton protecteur, poursuit la déesse à l'aimable figure, et tu dois en payer le prix. Pour te racheter tu dois continuer sans mon aide jusqu'à ce que tu parviennes à Athènes. Bonne route.
Sur ces mots, la déesse à la chouette quitte le royaume des mortels et retourne à l'Olympe. Jusqu'à ce que vous soyez arrivé à Athènes, vous ne

pourrez bénéficier du point de Protection supplémentaire offert par Athéna lors des combats et vous devrez perdre le nombre de points d'Honneur demandé lorsque vous consulterez l'oracle. Poursuivez votre route en vous rendant au **51**.

157

Arès apparaît soudain dans un éclair aveuglant, vous barrant la route.

— Stop, Althéos, rugit-il. Discipline. Premier avertissement, dernier avertissement. Combat ! Pas d'esquive. Pas de retraite. Pas de soumission.

Prévenu par votre protecteur, vous devez vous battre ou être pénalisé de 3 points de Honte. Vos adversaires, effrayés par l'apparition du destructeur n'ont pas encore attaqué. Si vous combattez, rendez-vous au **333**. Sinon, rendez-vous au **228**.

158

Il est maintenant près de midi et, implacable au-dessus des têtes, le soleil semble enflammer toute la mer de ses rayons brûlants. Vous approchez enfin de la Crète. Une des jeunes Athéniennes croit apercevoir le rivage au loin sur l'horizon. Si Aphrodite est votre protectrice, rendez-vous au **471**. Sinon, rendez-vous au **28**.

159

La femme à la dépouille de lion jette sa lance et demande grâce. Elle ne peut plus combattre. A proximité, vous distinguez de vagues cliquetis de métal. Tuez-vous l'Amazone et poursuivez-vous votre chemin (rendez-vous au **252**) ou lui accordez-vous la vie, en ne lui prenant que la sarisse de Force 2 (rendez-vous au **80**) ? Quelle que soit votre décision, vous gagnez 4 points d'Honneur pour votre victoire.

160

Le taureau est une créature particulièrement redoutable, si bien que, pour la durée du combat seulement, votre Force est réduite de 1 point. Rendez-vous au **136**.

161

Vous atteignez Mégare en milieu de journée. Au souffle de la brise, vos cheveux ondulent doucement comme ces houles longues qui agitent les blés mûrs et dorés des champs à moissonner. Allez-vous au fameux marché de Mégaré (rendez-vous au **470**) ou vous contentez-vous de vous promener quelques heures dans la ville (rendez-vous au **539**) ?

162

Vous êtes maintenant hors de portée des pierres de Talos et vous pouvez poursuivre votre route vers la Crète. Alors que vous approchez de la côte, vous apercevez le géant de bronze se prendre les pieds dans le fond de la mer et tomber. Rendez-vous au **384**.

163

Lorsque votre second puissant adversaire tombe, coule à nouveau de la fontaine, claire et fraîche, l'eau curative. Sur le visage de la statue, désormais apaisé, il vous semble distinguer un sourire de remerciement. Asclépios vous est maintenant favorable (notez-le dans vos chroniques). Vous gagnez aussi 6 points d'Honneur pour votre victoire. Rendez-vous au **536**.

164

Le garde vous regarde sans comprendre. Il n'a visiblement jamais entendu parler d'un quelconque Styrikon. Tirant avantage de ce moment d'hésitation, vous l'écartez pour entrer dans le palais. Il appelle aussitôt la garde, et deux soldats lourdement armés surgissent devant vous, barrant le chemin de leurs glaives. Les attaquez-vous (rendez-vous au **226**) ou vous laissez-vous arrêter (rendez-vous au **459**) ?

165

Vous fuyez précipitamment le camp des amazones comme si toutes les furies vous poursuivaient, avides de votre sang et déchirant vos chairs de leurs dents acérées. Vous atteignez Athènes en quelques minutes. Une fois au palais, encore essoufflé, vous racontez les derniers évènements au roi, attentif et grave. La guerre est désormais inévitable et c'est à vous, Althéos, qu'en incombe désormais la faute : la coupe de la mort va bientôt déborder. Vous êtes pénalisé d'un point de Honte puis vous vous préparez au combat. Rendez-vous au **102**.

166

Les gardes ébahis sursautent à votre vue car ils vous croyaient mort. Ils ne font pas un geste pour panser vos blessures mais, au contraire, ils enlèvent votre cuirasse et vous emmènent dans les profondeurs du palais. Rendez-vous au **459**.

167

Vous arrivez au Pirée et, là, amarré à l'extrémité d'un quai, se trouve le navire qui doit vous conduire en Crète à la puissante citadelle de Cnossos. C'est un robuste vaisseau de bois dont les voiles, les rames, et les bancs des rameurs sont noirs, l'équipage également revêtu de robes sombres. Le navire est assez vieux et sa quille et ses flancs sont recouverts d'algues et de coquillages incrustés. A la proue, une grande statue décolorée d'Athéna semble affronter les océans, avec comme une tristesse dans le regard à la vue des quatorze adolescents promis à la mort dans le labyrinthe crétois, et qui se terrent tous ensemble dans un coin. Vous vous approchez d'un petit homme rablé à la barbe brune dont le vêtement noir est rayé de bandes blanches. Le capitaine, car c'est bien lui, vous déclare tout de suite qu'il n'est pas possible d'appareiller ce soir à cause de la marée. Ainsi, vous vous êtes dépêché de venir d'Athènes pour rien ! Vous auriez pu même éviter les furies ! Vous vous retirez dans l'entre-pont et vous vous endormez dans la cabine réservée à l'équipage. Le lendemain matin, à nouveau frais et dispos, vous montez sur le pont où les premières lueurs de l'aurore rosissent déjà les étendues marines. Rendez-vous au **327**.

168

Parvenu au temple de Trézène, vous vous agenouillez devant la statue d'Athéna et vous priez. L'atmosphère de la pièce devient plus paisible et plus silencieuse. Puis, dans une légère brume, la statue s'anime.

— Althéos, fils d'Egée, tu as soisi avec sazesse et c'est avec cette même sazesse que ze t'aiderai dans ta quête. En ésange, ze vais te demander une faveur. Une fois en Crète, retrouve le corps de ton frère Thésée et ramène-le à Athènes pour qu'il y soit enterré selon les rites. Bonne sance !

La statue se fige à nouveau et n'ajoute rien. Athéna étant la déesse de la modération et de la guerre défensive, vous bénéficiez d'un point supplémentaire de Protection. De plus, lorsque vous irez consulter l'Oracle et que vous n'en obtiendrez aucun secours, vous n'aurez pas à perdre de points d'Honneur pour

167 *A la proue du navire une grande statue décolorée d'Athéna semble affronter les océans.*

votre tentative. Cependant, s'il s'agit de points de Honte, vous serez malgré tout pénalisé. Vous prenez alors la route d'Athènes, la cité dont votre père est roi. Rendez-vous au **2**.

169

Cette fois-ci, vous participez à la course. Les régles sont les mêmes qu'auparavant à la différence que vous êtes le numéro 2 (char rouge). Le parcours est maintenant de deux fois le périmètre de l'enceinte, soit 20 cases. Comme avant, si Poséidon est votre dieu tutélaire, vous avancez d'une case si vous tirez un 5, et, si Poséidon vous est Favorable, vous n'avancerez d'une case que si vous acceptez en même temps de perdre un point d'Honneur. En revanche, si Poséidon vous est Défavorable, tirer 6 fait avancer tous les autres chars sauf le vôtre. Si vous savez déjà comment concourir, rendez-vous à la fin de ce paragraphe et commencez. Sinon, voici un résumé des régles. Vous jetez deux dés. Si vous tirez un double six, il s'est produit un accident et vous devez rejouer avec un seul dé. Le chiffre obtenu alors correspond au char accidenté et vous devez le retirer du jeu. Si vous tirez un 5, deux chars se sont frôlés mais sans autre dommage. Si vous tirez un 6, tous les chars se sont écrasés. Si vous tirez autre chose que le double six, tout chiffre entre 1 et 4 fait avancer le char correspondant d'une case. Si vous obtenez un 6, tous les chars se déplacent d'une case, et si vous obtenez un 5 personne n'avance (à l'exception des modifications apportées par Poséidon et expliquées plus haut).
Vous jetez ainsi les deux dés à la fois jusqu'à ce qu'un des chars ait parcouru les vingt cases ou qu'ils soient tous détruits. Si vous remportez la course, rendez-vous au **14**. Si vous perdez la course, rendez-vous au **271**. Si vous avez un accident, rendez-vous

au **321**. Si tous les chars sont détruits, rendez-vous au **99**.

170

Ses cheveux blancs comme la neige qui recouvre les monts de l'Olympe, le roi vous dévisage du même regard glacé que doit avoir la Gorgone aux cheveux serpentaires.

— Qui es-tu, étranger, dit-il de sa voix pleine et profonde, toi qui viens dans ma maison en causant de tels désordres ? Parle maintenant et dis la vérité car Zeus protège tous les étrangers et nous ne te voulons pas de mal.

Hésitez-vous à répondre en attendant que le roi votre père prenne à nouveau la parole (rendez-vous au **389**) ou répondez vous seulement : « Althéos », (rendez-vous au **546**) ?

171

Les deux hommes jettent leurs dagues et tombent à genoux sur le sol, saisissant vos pieds dans une attitude suppliante.

— Épargne-nous, demandent-ils, et nous te conduirons au temple par une route sûre.

Acceptez-vous leur offre (rendez-vous au **110**) ou les tuez-vous (rendez-vous au **403**) ?

172

Inutile de marcher avec tant de précautions ! Vous perdez un point d'Honneur et vous vous rendez au **211**.

173

Vous ne distinguez pas grand chose dans l'obscurité mais vous n'osez pas allumer de lampe. Seules quelques lignes du document sont visibles.

« ... Céos, peuplé de monstres marins... »

« ... la punition pour ceux qui ont profané Mélos... »
« ... à Théra, aide le boiteux en péril... »
Soudain, vous entendez un bruit. Quelqu'un vient. La peur vous étreint. Examinez-vous l'autre table (rendez-vous au **122**), ou repartez-vous immédiatement vers le port (rendez-vous au **326**). Quoi que vous décidiez, vous êtes pénalisé d'un point de Honte pour ce que vous avez fait.

174

Vous basculez dans l'océan, tous les membres brisés par Talos. L'aventure crétoise, votre quête, était désespérée, avez-vous à peine le temps de songer avant que vos esprits n'abandonnent l'enveloppe mortelle de votre corps. Cependant, il n'est pas du destin d'un héros de rester chez lui pour y mourir sans avoir jamais affronté de dangers.

175

Vous pensez soudain qu'il pourrait être sage d'aller en reconnaissance aux abords du camp des Amazones, tout proche des murs d'Athènes, car vous pourriez peut-être y découvrir la raison de leur attaque. Vous vous faufilez silencieusement par la ville et, lorsque vous en franchissez les portes, les gardes vous saluent. Bientôt, vous apercevez les lueurs rougeoyantes des feux de camp des Amazones qui illuminent la nuit comme le ferait un incendie. Rendez-vous au **222**.

176

La laie (Force 12, Protection 6) vous charge. Si vous êtes vainqueur, rendez-vous au **615**. Si vous réussissez à fuir, rendez-vous au **493**. Si vous mourez mais que Zeus vous sauve, rendez-vous au **378**.

176 *La laie charge...*

177

Vous êtes pénalisé de 2 points de Honte pour votre acte brutal et honteux. Rendez-vous au **415**.

178

Vous ne voyez Talos nulle part. Réfléchissant, vous vous dites qu'il va venir par l'ouest si bien que, si vous tirez un bord est vers la côte, vous aurez plus de chance de lui échapper. Au moment où vous expliquez votre providentielle intuition au capitaine, la vigie se met à hurler. De l'ouest effectivement, grand de près de deux cents pieds, plus grand encore que les plus hautes falaises crétoises elles-mêmes, Talos apparaît à l'horizon. S'il est encore trop loin pour détruire le navire entre ses bras d'airain, il vous attaque en vous jettant d'énormes blocs de rochers. Vous n'avez que le temps de combattre 5 fois et la seule arme un peu efficace dont vous disposiez pour l'atteindre de si loin est un des harpons du capitaine (Force 2, Protection 0). Talos a 14 points de Force (*) et 18 points de protection. Les rochers ne comptent pas. Si vous touchez Talos trois fois, rendez-vous au **464**. Si vous battez en retraite, rendez-vous au **549**. Si vous vous rendez, rendez-vous au **443**. Si vous mourez, rendez-vous au **174**. Après cinq tours de combat, rendez-vous au **162**.

179

Le monstre a une Force de 22 et une Protection de 14. Si vous attaquez la créature, rendez-vous au **533**. Si vous attendez en espérant que la créature n'attaquera pas, rendez-vous au **562**.

180

Au moment où elle va vous porter le coup fatal, Zeus retient le bras de l'Amazone et vous emporte, sévèrement touché, vers la riante Cythère. Là, il soigne vos blessures et, sans un mot, vous renvoie sur le champ de bataille. Vous devez à nouveau combattre. Retournez en **102** et choisissez un autre adversaire.

181

La prêtresse de la Pythie a commencé de psalmodier les stances à Apollon mais vous n'entendez qu'une sourde plainte de derrière les rideaux. C'est alors que vous remarquez un petit homme habillé d'une riche tunique qui, ayant écarté un pan du rideau, regarde ce qui se passe de l'autre côté. Allez-vous regarder vous aussi derrière le rideau (rendez-vous au **72**), écartez-vous le curieux (rendez-vous au **284**) ou ne faites-vous rien du tout (rendez-vous au **442**) ?

182

Vous avez le choix entre plusieurs actions : Vous mangez le blé (rendez-vous au **269**). Vous jettez le blé dans le feu (rendez-vous au **404**). Vous dispersez quelques grains de blé dans l'eau (rendez-vous au **4**). Vous lancez le blé à la foule (rendez-vous au **19**).

183

Vous devriez boire à la fontaine du dieu guérisseur. Si vous buvez, le dieu vous aidera mais seulement pour votre prochain combat. Lorsqu'un adversaire vous touchera pour la première fois, vous resterez Indemne au lieu d'être Blessé. Ce n'est qu'au deuxième coup que vous serez Blessé, et ainsi de suite. Rendez-vous au **536** pour poursuivre votre aventure.

184

Vous êtes pénalisé de 4 points de Honte pour votre acte détestable, indigne d'un véritable héros. Rendez-vous au **415**.

185

Vous restez très déprimé dans votre cellule, pendant ce qui vous semble être des heures. Vous ne savez pas quand vous serez libéré ou même si vous le serez jamais. Finalement, une servante vient vous apporter un peu de pain et un broc d'eau. Soudain affamé, vous dévorez la maigre pitance et vous priez les dieux pour que l'on vous relâche. Si Aphrodite est votre protectrice et si vous souhaitez son aide, rendez-vous au **491**. Sinon, rendez-vous au **54**.

186

Vos vêtements complètement trempés et l'air misérable, vous courez à travers la cité jusqu'à ce que vous arriviez à un carrefour. Vous remarquez à peine que la pluie a cessé et ce n'est que lorsque le soleil bienfaisant parvient à perçer à travers les nuages que vous vous remettez à sourire. Rendez-vous au **198**.

187

Le dieu guérisseur, en remerciement pour vos services antérieurs, éclaire la grange d'une lueur bienfaisante. Porteurs de mort et de maladie, les rats ne supportent pas le contact d'Asclépios et meurent sur place dans d'atroces convulsions, comme les épis dorés fauchés au passage de l'ardent Skiron, le vent du nord-ouest. Votre tâche est accomplie et la ville de Pagai est libérée de la peste. Si Athéna n'est pas votre Protectrice, elle vous est maintenant Favorable. Dans tous les cas, vous gagnez 4 points d'Honneur. Voyant ce que vous avez fait, le maître de la ville vous félicite mais vous presse de repartir en vous donnant un petit pain, car il a plutôt peur de ce que vous pourriez faire sur ses domaines. Rendez-vous au **51**.

188

A cette époque de l'année se déroule le festival de la ville d'Acharnès et la course de chars traditionnelle doit avoir lieu cette semaine. Dans toute la ville, vous voyez les hommes préparer leurs chevaux et réparer leurs attelages. Comme vous marchez déjà depuis longtemps, vous vous décidez à chercher une auberge pour pouvoir vous reposer un peu. On vous indique une petite maison basse, entourée d'arbres, auprès de laquelle vous apercevez plusieurs concurrents. Le prix de la chambre est assez élevé et vous avez juste de quoi le payer. Vous n'entendez des conversations des clients qu'un vague bourdonnement, comme celui des abeilles autour du miel, mais vous parvenez quand même à saisir quelques mots. D'ici à une heure, il doit se dérouler à proximité une course de chars dans les rues de la ville. Allez-vous dormir (rendez-vous au **513**) ou allez-vous assister à la course de chars (rendez-vous au **423**) ?

189

Vous poussez un soupir de soulagement en sortant de la ville et vous vous éloignez rapidement. Un paysan qui apporte des fromages de chèvre au port de Crommyon propose de vous emmener dans sa carriole. Le voyage est long et vous commencez à avoir sommeil. L'odeur des fromages excite aussi votre faim mais le paysan ne semble pas même songer à s'arrêter pour déjeuner. Prenez-vous l'un des fromages sans demander la permission au paysan (rendez-vous au **555**) ou attendez-vous encore un moment (rendez-vous au **268**) ?

190

Possédez-vous encore le bijou de votre mère ? Si oui, rendez-vous au **505**. Sinon, rendez-vous au **389**.

191

Alors que vous redescendez la colline, un cri inhumain vous glace soudain. Surpris, vous levez les yeux et vous voyez un homme tomber d'un rocher à pic comme, échappé de son nid, un aiglon déséquilibré bat frénétiquement l'air de ses trop faibles ailes, et qui, sans espoir et sans gloire, vient s'écraser au sol. Vous restez un instant silencieux à méditer sur le sort de l'homme puis vous reprenez votre route vers Thèbes (rendez-vous au **392**).

192

Inspiré par le belliqueux Arès, le faucheur d'hommes, le dieu de la guerre, vous brisez à mains nues la solide porte de bois. Ses montants craquent puis éclatent brusquement comme une barque emportée par la tempête se déchire aux récifs ; tout l'équipage hurle de frayeur dans ses flancs éventrés et implore la mansuétude de Poséidon, impavide et sourd à leurs appels désespérés. Comme le dieu terrible, vous restez sourd aux cris de l'aubergiste. Vous le frappez, et le sang se met à couler de sa blessure. Il saisit alors un bâton sur une table et passe à l'attaque. L'aubergiste a 3 points de Force et 10 de Protection mais il faut y ajouter 1 point de Force pour son arme improvisée. Si vous fuyez, rendez-vous au **304**. Si vous vous rendez, allez au **127**. Si l'aubergiste est Grièvement Blessé, rendez-vous au **401**. Si vous mourez et êtes sauvé par Zeus, rendez-vous au **23**.

193

Vous vous sentez reposé et vous aimeriez bien vous baigner dans la rivière. Pourtant, comme les servantes de Mycènes lavent leur linge près du bord, une héroïque pudeur vous retient de vous exposer à leurs regards. Rendez-vous au **73**.

191 *Un homme tombe d'un rocher à pic en poussant un cri inhumain.*

194

Le capitaine décide de rester à proximité de la côte et vous annonce son intention d'aller à Crommyon pour embarquer d'autres passagers et charger à bord du vin pour Athènes. Lorsque vous accostez au port, il est tard et tout est relativement calme. Au moment où vous vous apprêtez à débarquer, le capitaine vous rappelle qu'il ne reste au port que deux heures. Rendez-vous au **100**.

195

Seriez-vous peureux au point d'être effrayé d'aller en reconnaissance seul et dans l'obscurité dans un camp ennemi ? Vous avez sans doute peur des ombres. Quelle que soit la raison, vous êtes pénalisé d'un point de Honte et vous perdez 1 point d'Honneur. Rendez-vous au **222**.

196

Ayant fait un pas de côté pour éviter le cheval, vous voyez sur son dos un cavalier majestueux vêtu de longues robes flottantes. A son passage, vous l'entendez rire et murmurer :

— Celui-là n'a pas la moitié de la valeur de son frère.

Sur ces mots, monture et cavalier pénètrent dans la mer et disparaissent. Vous continuez votre route, de Kenkhrée à Crommyon. Rendez-vous au **100**.

197

Les deux hommes semblent convaincus et vous invitent à leur table. Ils commandent du vin à l'aubergiste et se servent à boire. Les imitez-vous en buvant avec eux (rendez-vous au **140**) ou refusez-vous de trinquer (rendez-vous au **351**) ?

198

Le soleil brille de tous ses éclats et ses rayons se font aveuglants lorsqu'ils se reflètent dans les flaques d'eau. Les toits s'égouttent doucement dans les rues où les habitants reprennent lentement leurs activités comme les écureuils au printemps émergeant de leur sommeil hivernal. La route bifurque vers la droite, mais une autre, plus étroite, s'ouvre devant vous. Allez-vous tout droit (rendez-vous au **109**) ou poursuivez-vous sur la route de droite (rendez-vous au **440**) ?

199

La chambre, petite et peu confortable, ne possède pas de lit. Juste un matelas jeté sur le sol qui, grouillant de vermine, semble presque vivant. Malgré la crasse répugnante, vous vous endormez épuisé, oubliant même de prier votre protecteur. Rendez-vous au **446**.

200

Après avoir cherché quelque temps, vous finissez par découvrir une auberge somptueuse et confortable. Sans doute est-ce la raison pour laquelle il n'y a aucun autre client. Vous dînez copieusement et buvez abondamment avec l'aubergiste puis, à moitié ivre, vous montez en titubant dans votre chambre où vous vous écroulez sur le lit. Vos pieds dépassent bien un peu mais, couché en chien de fusil, vous êtes suffisamment bien pour dormir. Si Apollon est votre protecteur, rendez-vous au **55**. Sinon, vous vous endormez (rendez-vous au **500**).

201

Arrivé aux environs de la ville, les habitants, à l'abri derrière leurs fenêtres, semblent agiter les bras à votre intention en signe d'avertissement. Entendant alors un sauvage mugissement derrière vous, vous vous retournez mais il est déjà trop tard : le taureau de Marathon est sur vous, plus grand que tout ce que vous auriez pu imaginer, les cornes presque aussi longues que le bras d'un homme, son corps aussi puissant que les murailles de la lointaine Troie. Vous parvenez à éviter sa charge furieuse d'un vif saut de côté mais, trébuchant sur une pierre, vous tombez malencontreusement sur votre bras droit, celui du glaive. Vous n'êtes pas Blessé mais, et pour ce combat seulement, votre Force sera réduite de 2 points. Le taureau est de Force 10 et de Protection 16. Si vous êtes vainqueur de la créature infernale, rendez-vous au **225**. Si vous fuyez sans accomplir la mission dont vous avait chargé votre père, rendez-vous au **515**. Si vous mourez et que vous puissiez être sauvé par Zeus, rendez-vous au **47**.

202

Du coin de la bouche, vous murmurez une prière à votre protecteur. Une voix répond aussitôt :
— Je ne sais pas. C'est également un mystère pour moi !
Vous perdez 1 point d'Honneur. Rendez-vous au **182**.

203

Vous offrez une prière à Héra, la déesse aux bras blancs, femme de Zeus, et vous vous mettez en route pour Athènes. Rendez-vous au **2**.

204

Lorsque le soir tombe, si les activités de la cité se réduisent, elles restent malgré tout plus importantes que vous n'aviez imaginé. Sans réaliser l'heure tar-

201 *Le taureau de Marathon est sur vous... il est plus grand que tout ce que vous auriez pu imaginer.*

dive, vous flânez dans les rues, admirant les merveilles architecturales de la ville. Brusquement, vous vous rendez compte qu'il fait presque nuit et que vous devez trouver une auberge avant qu'elles ne soient toutes fermées. Croyant avoir aperçu l'enseigne d'une auberge, vous pénétrez dans une rue sombre. Rendez-vous au **16**.

205

Cher Althéos, avez-vous vraiment si peur de la solitude et de l'obscurité ? Vous perdez 1 point d'Honneur et vous retournez au **185**.

206

Le seigneur de Pagai vous conduit jusqu'à une grange abandonnée à la sortie de la ville.
— C'est ici, explique-t-il, que les rats se réfugient. Je suis sûr que tu pourras nous en délivrer car tu as l'étoffe d'un héros.
Puis, sur ces bonnes paroles, il vous fait signe d'entrer et referme la porte sur vous. Il fait sombre et une épouvantable odeur de moisi flotte dans l'atmosphère. Tout autour de vous, vous entendez les couinements des rongeurs affolés et, lorsqu'enfin vos yeux se sont accommodés à l'obscurité, vous distinguez leurs silhouettes qui courent dans tous les sens. Si Asclépios vous est Favorable, rendez-vous au **187**. Si Asclépios est Neutre ou Défavorable à votre égard, rendez-vous au **369**.

207

En même temps que vous vous approchez, vous vous rendez compte brusquement que vous avez dépensé presque tout votre argent pour payer votre chambre et que vous ne pouvez pas égaler la mise des jeunes parieurs nobles. Offrez-vous autre chose à la place (rendez-vous au **113**) ou vous contentez-vous de regarder la course en simple spectateur (rendez-vous au **9**) ?

208

Il est trop tard désormais pour songer à fuir ! Le loup a 2 points de Force et 12 de Protection et, animal, ne se rendra jamais. Si vous le tuez, rendez-vous au **400**. Si vous mourez et que Zeus vous ressuscite, rendez-vous au **277**.

209

Le porcher se met à rire de bon cœur à votre question car il est précisement le porcher royal. Il vous tend amicalement une main sale et graisseuse mais vous évitez de la lui serrer. En soupirant, il consent à vous emmener au palais mais vous demande de faire vite car il ne veut pas laisser les porcs trop longtemps seuls. Rendez-vous au **588**.

210

Dans vos efforts désespérés pour échapper à l'animal, votre cheville se coince dans un trou et vous perdez l'équilibre. L'ours vous rattrape et, grognant déjà en signe de victoire, donne un coup de patte violent sur votre jambe. Vous êtes Blessé. Revenez au **616** pour recommencer.

211

La ville est extrêmement animée, particulièrement autour du vaste marché où les commerçants proposent aux nombreux chalands les produits en provenance de tous les coins de Grèce. La vie ici est tellement différente de celle que vous avez connue à Trézène ! Dominant la place de ses colonnades de marbre blanc richement sculptées, se trouve le temple consacré à Aphrodite sur les marches duquel se reposent des jeunes filles et les prêtresses attachées au sanctuaire. Vous approchez de l'étal d'un marchand de fruits et vous demandez un peu de raisin. C'est alors que le marchand remarque que votre argent ne vient pas de Corinthe et se met à converser aimablement avec vous. Croyant que vous allez au sud, il vous recommande d'éviter Epidaure et, à Tyrinthe, un certain Procuste. Lorsque vous lui confiez votre destination, il vous conseille de passer à Delphes pour trouver l'inspiration auprès d'Apollon, le dieu des prophéties. Un commerçant voisin vous suggère plutôt Crommyon comme étape en vous disant que, de là, vous pourrez prendre un bateau pour Athènes. Allez-vous à Delphes en passant par Pagai (rendez-vous au **302**), allez-vous à Crommyon (rendez-vous au **189**) ou passez-vous la nuit à Corinthe (rendez-vous au **204**) ?

212

Ayant accompli le rite du blé, vous devez maintenant vous occuper de l'eau. La buvez-vous (rendez-vous au **607**), vous en servez-vous pour éteindre le feu (rendez-vous au **356**) ou arrosez-vous le blé avec l'eau (rendez-vous au **101**) ?

213

— Tu as bien fait Althéos, dit Athéna en apparaissant derrière un buisson. Tu as délivré Pagai de ses terribles rats. Je te félicite, Althéos, tu es un véritable héros.

Puis, en repartant pour Athènes, sa ville chérie, elle fait bien attention de ne pas passer trop près de la grange. Athéna vous est maintenant favorable. Rendez-vous au **51**.

213 *Athéna apparaît de derrière un buisson et félicite Althéos, le héros de Pagai.*

214

Une vieille femme revêche se met alors à hurler en réponse :

— Les Crétois prennent nos fils et nos filles pour nourrir leur Minotaure. Et tu demandes maintenant pourquoi nous les haïssons ? Mais, peut-être es-tu toi-même un de ces Crétois ?

Puis elle prend une grosse pierre et la jette violemment dans votre direction. Elle vous rate fort heureusement mais son geste agit comme un signal et bientôt vous recevez une grêle de pierres de toutes tailles. Incapable de fuir, vous êtes atteint par les unes et les autres jusqu'à ce qu'une grosse pierre vous fende la tête. La boîte crânière éclatée, votre cerveau éclabousse les pavés de la rue et vous mourez sans même vous en être rendu compte, à moins que Zeus ne vous évite les tourments du royaume d'Hadès. Si c'est le cas, vous vous retrouvez au **394.**

215

Tout en maudissant ceux qui profitent de leur plus grand nombre pour s'attaquer aux autres, la prudence prévalant, vous leur donnez la somme demandée. Vous vous jurez bien que, le jour où vous vous retrouverez seul en face de l'un d'eux, celui-là subira votre juste colère. Vous poursuivez votre route vers Kira, la fureur au cœur. Rendez-vous au **92.**

216

Impatient de remplir votre mission, vous vous pressez d'arriver au temple. Au loin, vous entendez le fauve rugissement d'un lion de montagne. Parvenu enfin au sanctuaire, vous remarquez que les statues du dieu présentent toutes un visage grimaçant comme sous l'emprise d'une mortelle douleur et que, de la fontaine d'Asclépios, ne ruisselle plus que du

sang. Horrifié vous frissonnez de la rage d'une colère divine contre ce sacrilège. Puis, tel le sanglier blessé à mort défie les valeureux chasseurs, vous vous précipitez dans l'enceinte du temple en hurlant des paroles d'anathème inspirées par les dieux :
— Misérables profanateurs, Asclépios vous châtiera si vous croyez, dans votre pitoyable orgueil, que vous pourrez souiller ainsi impunément ces lieux sacrés.
C'est alors que les deux bandits sortent sans un mot de l'obscurité où s'était répandue autrefois la lumière d'Asclépios. Vous ne pouvez que fuir ou combattre. Si vous tentez de fuir maintenant (ensuite, vous ne le pourrez plus), rendez-vous au **145**. Si vous les attaquez, rendez-vous au **388.**

217

Les vins grecs n'ont jamais été très remarquables, surtout en cette période. Vous perdez 1 point d'Honneur et vous retournez en **197.**

218

Avec rudesse, vous arrachez du bras de la reine morte son amulette d'or, pensant en faire cadeau à votre mère dès votre retour et, en témoignage de victoire, vous la passez à votre propre bras. Rendez-vous au **597.**

219

Vous vous approchez de l'étalage. Puis, avec quelque hésitation pour vous assurer que personne ne vous voit, vous volez un petit pain que vous glissez aussitôt dans votre tunique. Bien que personne ne bouge, vous avez la désagréable impression que tout le monde a remarqué votre geste. Pour en être sûr, jetez un dé. Si vous tirez 5 ou 6, rendez-vous au **460**, et si vous tirez 4 ou moins, rendez-vous au **38**.

220

Avant de vous abandonner aux douceurs du sommeil, vous décidez de ranger vos affaires dans l'armoire. En l'ouvrant, vous apercevez soudain à l'intérieur un monceau de crânes humains soigneusement empilés. L'aubergiste doit être un fameux assassin ! Puis, entendant un bruit de pas, vous refermez l'armoire et vous allez vous cacher derrière la porte de la chambre, votre massue à la main. Rendez-vous au **272**.

221

Vous perdez 1 point d'Honneur pour avoir attaqué un adversaire par derrière mais, en même temps, vous blessez un des brigands. Rendez-vous au **462.**

222

Vous vous approchez du camp en rampant comme le lion des montagnes s'approche de la proie qu'il convoite. Il n'y a que quelques sentinelles. Les Amazones sont si sûres d'elles qu'elles n'ont pris que peu de précautions. Vous vous glissez sans vous faire remarquer dans une tente heureusement vide. Çà et là, quelques vases, des urnes et, dans un coin, un bouclier de peaux cousues. Avant que vous n'ayez le temps de l'examiner de plus près, vous entendez des voix et une Amazone pénètre sous la tente.

— La peau de léopard de la reine Antiope... poursuit la voix lorsqu'elle vous aperçoit soudain et se tait.

Elle porte une lance, un bouclier de peau, et une peau d'ours. Attaquez-vous cette puissante Amazone avant qu'elle n'appelle à l'aide (rendez-vous au **544**) ou vous échappez-vous par l'autre issue (rendez-vous au **343**) ?

223

Le lendemain matin, la déesse est partie. Vous quittez la maison et vous repartez vers la ville. Rendez-vous au **263**.

224

Aucun héros ne permettrait que des voyous l'attaquent. Vous remarquez quelques hommes dissimulés dans des coins sombres et vous avancez plus rapidement. Vous ne seriez pas autrement étonné qu'ils tentent de vous agresser par derrière comme feraient des chiens ou même les Troyens. Rendez-vous au **331**.

225

Le taureau rassemble ses dernières forces pour tenter encore de vous empaler sur ses cornes mais, épuisé, il s'effondre soudain en poussant un ultime mugissement d'agonie. Vous lui coupez un bout de corne pour preuve de votre victoire puis, sans même attendre les remerciements des Marathoniens, vous repartez vers Athènes, très fier de votre exploit. Vous gagnez 7 points d'Honneur. Rendez-vous au **456**.

226

Le fait de songer seulement à faire couler le sang dans la maison de votre père est méprisable, d'autant que vous avez déjà menti sur votre nom et votre parenté. Vous êtes pénalisé de 2 points de Honte. Puis, conscient que toute résistance n'attirerait que davantage de gardes, vous vous rendez. Les soldats vous emmènent sans ménagement et vous jettent dans une cellule, à proximité de l'entrée du palais, où vous vous morfondez dans l'obscurité, encore troublé de la réception qui vous a été faite. Rendez-vous au **185**.

227

Le vin répandu sur la table se met à couler par terre, souillant la tunique d'un marchand phénicien assis à côté de vous. Vous lui faites mille excuses pour votre maladresse et vous êtes pénalisé d'un point de honte. Le roi Égée vous aperçoit alors et, d'un geste impérieux, vous fait signe d'approcher. Rendez-vous au **170**.

228

Asclépios vous est maintenant défavorable (notez-le dans vos chroniques). Vous quittez la ville et, un peu plus loin, vous trouvez un endroit pour passer la nuit avant de repartir vers Kléonai. Rendez-vous au **536**.

229

Vous êtes pénalisé d'1 point de Honte et vous perdez 1 point d'Honneur. Rendez-vous au **588**.

230

Vous parvenez finalement au pied de la colline que surplombe la citadelle. La montée est raide et vous devez vous arrêter plusieurs fois pour souffler. Ici, les maisons sont plus anciennes que les riches demeures en contrebas mais vous ne voyez toujours pas le palais de votre père. Arrivé au sommet, vous passez les portes gardées par des soldats vêtus de cuirasses de cérémonie et portant de grands boucliers. Vous grimpez sur un des murs d'enceinte pour avoir une meilleure vue de la ville. Rendez-vous au **49**.

231

Vous frappez l'une des créatures mais vous la manquez. Alors elles s'abritent derrière un arbre puis, passant à l'attaque toutes ensemble, elles se précipitent sur vous en hurlant. Entre-temps, l'homme s'est tapi dans l'obscurité, trop effrayé pour bouger. Il y a trois furies : Tisiphone, Alecto et Mégère. Chacune possède 4 points de Force et 18 points de Protection (mais n'oubliez pas le point supplémentaire attribué à ceux qui combattent à plusieurs). Si vous vous soumettez, rendez-vous au **153**. Si vous battez en retraite, rendez-vous au **520**. Si vous mourez et que Zeus vous sauve, rendez-vous au **463**. Si vous Blessez Grièvement une des furies, rendez-vous au **83**.

232

Vous vous réveillez le lendemain matin, la tête douloureuse. Les évènements de la nuit vous semblent déjà lointains. Mais, comme de telles faiblesses ne sont pas dignes d'un héros qui a un grand destin à accomplir, vous êtes pénalisé de 2 points de Honte. Dionysos, dieu du vin, vous est pourtant désormais Favorable. Après une heure de marche, vous retrouvez finalement la route de Thèbes. Rendez-vous au **13**.

233

Le voleur vous remercie chaleureusement et les dieux sourient de votre pitié pour un de vos semblables que les misères du monde ont dévoyé. Ils vous accordent 1 point d'Honneur pour votre acte charitable. Vous repartez de Mycènes, vivement impressionné par la cruauté des citadins. Rendez-vous au **536**.

234

C'est alors qu'on vous demande de servir à table. On remplit de vin le grand cratère de bronze que vous venez de laver et on vous pousse dans la salle. Vous êtes ébloui par la scène : assis autour de la grande table sont réunis les invités du roi, où la noblesse d'Athènes se mêle à certains serviteurs méritants. Vous posez le cratère et vous servez le vin. Une fois réservées, pour être brûlées, les parts destinées à Athéna, la protectrice de la cité, le festin commence. Vous voyez manger plus de viande et de pain, boire plus de vin que vous n'auriez pu imaginer. Vous reconnaissez des Laconiens, des Béotiens, des Thessaliens et même des Phéniciens dont les navires marchands parcourent tous les océans. La coutume voulant que tous prennent part au festin, le roi finit par vous remarquer dans votre coin. Il vous fait signe, coupe un morceau de son propre pain et vous l'offre. Vous êtes pénalisé de 3 points de Honte pour votre situation humiliante de domestique de votre père. Rendez-vous au **383**.

235

Le palais est magnifiquement meublé. De profonds coussins de soie sont disposés avec art sur le sol ; dans les alcôves tendues de riches rideaux brodés, des vases peints de scènes d'amours rivalisent de beauté avec des statues de la déesse. Entourée de fleurs, Aphrodite est allongée confortablement sur un coussin rose près d'une grande sculpture de marbre qui la représente demi-nue. De temps à autre, elle saisit nonchalamment une fleur qu'elle porte délicatement à ses lèvres pour en apprécier le parfum délicat avant de la rejetter au milieu de la pièce parmi les autres pétales accumulés. De ravissantes servantes balaient sans cesse le sol pour que jamais ne soit dissimulée une grande mosaïque de la déesse se baignant dans un torrent de montagne.

— Cher Althéos, dit-elle d'une voix câline de sa place, j'espère que tu vas bien. Moi, oui. Mais avant

que nous ne descendions pour parler de choses intéressantes, comme de moi par exemple, j'aimerais te parler du géant de bronze nommé Talos. Il fait le tour de la Crète quatre fois par jour, et toujours dans le même sens. Juste avant midi, vogue vers l'est et tu pourras le surprendre. Sois un bon garçon et n'oublies pas Ariane.
Sur ces derniers mots, elle lance une poignée de pétales rouges sur le sol. Vous vous retrouvez à nouveau sur la côte où vous restez étendu quelque temps, épuisé et tout étonné. Les marins vous considèrent avec stupéfaction car vous aviez disparu depuis plusieurs jours. Au récit que vous leur faites de votre aventure, ils s'étonnent plus encore d'avoir parmi eux un familier de la déesse. Rendez-vous au **583**.

236

Vous redescendez en courant les rues tortueuses et vous arrivez enfin au palais. La façade de colonnes de marbre soutient un large fronton sculpté. Des paniers de fleurs disposés tout autour de la porte remplissent l'atmosphère de fragrances délicates. A l'entrée, un garde à l'air revêche, vêtu d'une cuirasse et portant une courte lance, interdit l'entrée à tous les indésirables. Vous vous en approchez et vous lui demandez aimablement de vous laisser passer. Il vous toise ironiquement puis demande, peu amène :
— Quel est ton nom ?
Répondez-vous : « Styrikon » (rendez-vous au **164**), « Althéos » (rendez-vous au **328**) ou « Pyraphas » (rendez-vous au **87**) ?

237

Une fois bien reposé, le lendemain matin vous poursuivez votre route, à nouveau frais et dispos. Rendez-vous au **2**.

235 *Au palais, Aphrodite lance une poignée de pétales rouges sur le sol...*

238

Vous trouvez assez vite une auberge dont l'aspect n'est pas plus engageant que le reste de la ville et vous devez attendre un certain temps avant que l'aubergiste, un homme plutôt désagréable, ne consente à prendre votre commande. Déjà chaque plat que l'on vous sert est plus infect que le précédent mais le comble est atteint lorsque le tenancier, en débarrassant la table, vous éructe en pleine figure et vous demande une somme faramineuse — sans doute le prix de l'auberge elle-même ! — pour ce mauvais repas. Vous payez malgré tout et vous vous résignez à passer la nuit ici. Vous dormez d'un sommeil léger où, comme dans un rêve, vous entendez des bribes de conversation des autres clients.

— ... j'étais parti chasser cet ours mais quelque idiot l'avait apparemment déjà tué la nuit précédente...

— ... j'étais l'un de ses fidèles, mais son zézaiement finit par me troubler...

— ... je l'ai dit aux cinq autres. L'assassin menace...

Rendez-vous au **70**.

239

Vous êtes le seul responsable de la situation. Vous perdez 1 point d'Honneur et vous retournez au **219**. Si, en revanche, vous préférez passer le reste de votre vie à voler sur les marchés de Mégare, rendez-vous au **5**.

240

Vous vous approchez des conspirateurs en leur disant que vous avez tout entendu. Ils sont un peu surpris mais vous leur expliquez qu'ayant quelques griefs à l'égard du roi de Thèbes, vous aimeriez si possible les aider. Les hommes se consultent du regard et se mettent à chuchoter entre eux. Si votre protecteur est Arès, Héra ou Poséidon, rendez-vous au **354**. Si votre protecteur est Apollon, Aphrodite ou Athéna, rendez-vous au **197**. Si vous n'avez pas de protecteur, rendez-vous au **354**.

241

Le garde appelle alors un petit marmiton et l'envoie au palais. Peu de temps après, hors d'haleine, le garçon revient porter la réponse. Vous apprenez alors avec joie que vous allez être libéré car, donnant un grand festin aujourd'hui, il serait honteux pour le roi de détenir un prisonnier sans partager le repas avec lui. Rendez-vous au **350**.

242

Vous adressez alors une fervente prière à l'Olympe :
— Si vous me reconnaissez, sachez qu'il est temps de m'aider.
Mais vous avez beau appeler les dieux, vous n'obtenez aucune réponse. Vous gagnez 1 point d'Honneur. Lorsque vous vous relevez pour combattre enfin, l'Amazone a disparu, ayant profité de votre inattention pour fuir. Vous précipitez-vous courageusement à l'extérieur de la tente pour poursuivre la lutte (rendez-vous au **613**) ou vous échappez-vous par derrière (rendez-vous au **259**) ?

243

Bien que l'auberge soit pleine, la fille du propriétaire vous apporte rapidement un cruchon de vin dont elle remplit aussitôt vos gobelets. Les conversations bourdonnent autour de vous comme de cent mille abeilles mais vous êtes trop fatigué pour écouter. A la longue, le sommeil a raison de votre résistance et vous vous endormez sur la table. Lorsque vous vous réveillez, le capitaine et tous les autres clients sont partis. Vous vous levez en titubant, l'esprit encore embrumé comme si le vin avait été puisé dans les eaux du Léthé. De chaque côté de la porte se trouvent deux tables sur lesquelles vous apercevez quelques lettres d'un caractère sans aucun doute confidentiel. Vous pouvez les ouvrir mais si vous êtes pris en train de les lire, votre châtiment sera celui réservé aux voleurs et aux lâches. Lisez-vous les documents de la table à droite (rendez-vous au **173**), préférez-vous ne pas souiller votre honneur et retourner au bateau (rendez-vous au **326**) ou parcourez-vous les documents de la table à gauche (rendez-vous au **368**) ?

244

Devant vous, vous apercevez une procession d'une quinzaine de personnes qui pleurent et se lamentent, les femmes s'arrachant les cheveux ou se tordant les mains dans leurs châles noirs. Ils transportent une sorte de grande caisse que vous distinguez mal car la poussière soulevée trouble votre vision. Vous approchez-vous pour connaître la raison de cette manifestation (rendez-vous au **494**) ou vous écartez-vous un peu de votre route pour l'éviter (rendez-vous au **78**) ?

245

Peur de la victoire ? Vous perdez 1 point d'Honneur et vous vous rendez au **456**.

246

Ah, cher Althéos, qui aurait pensé à faire cela ? Offrir un objet que l'on ne possède pas ! Vous êtes pénalisé d'un point de Honte et vous choisissez à nouveau au **113**.

247

Lorsque vous sortez de votre état d'inconscience, vous êtes glaçé et presque à moitié mort. C'est par miracle que vous avez été rejeté sur la côte mais, malheureusement, vous avez perdu toutes vos armes dans la tourmente.

— Où suis-je ? vous demandez-vous soudain.

Vous devez rapidement trouver un coin d'ombre ou vous allez mourir à rester ainsi au soleil. Déjà les rayons brûlent votre peau et déssèchent votre gorge. D'une colline proche vous parviennent les échos de sonnailles et vous découvrez un berger et son troupeau de chèvres. Vous vous précipitez dans sa direction le plus vite que vous pouvez mais, lorsque vous arrivez, l'homme a disparu. Un peu plus loin, vous apercevez une petite ville entourée de champs verdoyants où, tels des fourmis avant l'hiver, travaillent quelques paysans. Vous poursuivez le chemin jusqu'à la ville. Rendez-vous au **100**.

248

Vous avez à peine le temps de réaliser ce qui vous arrive que vous êtes déjà au sommet du temple. Puis, s'adressant à la foule rassemblée, la prêtresse dit :

— Citoyens d'Eleusis, adorateurs de Démèter, conformément aux vœux de la déesse, c'est un

homme ordinaire qui accomplira aujourd'hui les rites du printemps avec le blé, l'eau et le feu, les trois symboles de la vie et de la renaissance. Que la cérémonie commence.
La prêtresse fait un pas de côté et vous fait signe d'approcher d'une table basse sur laquelle se trouvent une cruche à eau, un bol de blé et un petit récipient où brûle d'une flamme bleutée un peu de charbon de bois. Il n'est plus possible de reculer : vous devez officier. Vous occupez-vous d'abord du blé (rendez-vous au **182**) ou de l'eau (rendez-vous au **58**) ?

249

Vous vous précipitez dans le couloir et vous vous trouvez soudain en face de cinq gardes, directement accourus de leurs baraquements et portant chacun une courte épée (Force 2, Protection 0) et un plastron (Force 0, Protection 3). Leur valeur de base est de 3 points de Force et 11 points de Protection. Ainsi armés, ils ont maintenant chacun une Force de 5 points et une Protection de 14 points (mais comme ils sont à plusieurs, le premier se voit attribuer 4 points de Force supplémentaires, le second 3 points, etc.). Ils se précipitent sur vous en hurlant « Mort au régicide ! » Vu leur fureur, ils ne vous laisseront vraisemblablement pas la possibilité de vous rendre. Si vous êtes vainqueur, rendez-vous au **267**. Si vous battez en retraite, rendez-vous au **472**. Si vous mourez et êtes sauvé par Zeus, vous vous retrouverez au **134**.

250

Vous perdez entre 1 et 6 points d'Honneur (jetez un dé). Si vous ne pouvez pas, vous ne perdez qu'un point d'Honneur et vous retournez au **422**. Si vous

248 *La prêtresse fait un pas de côté et vous fait signe d'approcher d'une table basse. Il n'est plus possible de reculer.*

le pouvez, alors votre dieu protecteur jettera le sang de la fontaine au visage des hommes. Avant qu'ils ne puissent à nouveau réagir, vous aurez assez de temps pour redescendre et quitter Epidaure mais pas suffisamment pourtant pour ramasser vos armes et votre cuirasse. Rendez-vous au **536**.

251

Au petit jour, lorsque Aurore aux doigts de rose, la fille du matin, a fini de parcourir le ciel, accomplissant ainsi son destin éternel, vous traversez une clairière où sont abandonnés des gobelets cassés et des outres de vin, évidemment vides. Un peu plus loin, vous découvrez un ours mort. Si Artémis est votre protectrice, rendez-vous au **311**. Sinon, rendez-vous au **265**.

252

Vous êtes pénalisé de 2 points de Honte pour avoir tué un adversaire qui s'était rendu. En repartant, vous tombez sur un groupe d'Amazones. Cherchant à éviter les pièges d'Eris, le semeur de discorde, vous commencez de leur expliquer votre mission lorsqu'elles aperçoivent soudain le cadavre de leur compagne que vous avez assassinée. Folles de rage, elles se précipitent sur vous. Vous ne parvenez à leur échapper qu'avec de grandes difficultés. Rendez-vous au **165**.

253

— Puisque c'est ainsi, cher Althéos, moi je t'offre ma malédiction en cadeau !

Avant que vous ayez le temps de vous demander comment le vieil homme connaît votre nom, il s'est évanoui dans les buissons et a disparu. Vous perdez 1 point d'Honneur et vous vous rendez au **583**.

254

Le temple est petit et dépouillé.

— Le prêtre n'est pas là. L'homme des enfers l'a tué de ses propres mains, explique un vieillard. Il n'y aura plus de prophéties à Dèlos jusqu'à ce que le dieu accorde son don à l'un de nous et maudisse celui qui amène partout la guerre.

Si Apollon est votre protecteur ou s'il vous est Favorable, rendez-vous au **305**. Si Apollon est Neutre à votre égard, rendez-vous au **552**. S'il vous est Défavorable, rendez-vous au **360**.

255

Pour un héros tel que vous, il est indigne de refuser l'hospitalité d'un hôte et déshonorant de dormir avec les chiens comme un voleur ou un esclave. Par conséquent, vous perdez 2 points d'Honneur. Le lendemain matin, vous repartez sur Cléonai. Rendez-vous au **536**.

256

Ne pouvez-vous parler ? Avez-vous vraiment besoin des dieux pour vous souvenir de votre nom ? Vous êtes pénalisé d'un point de Honte et vous vous rendez au **236**.

257

Le navire est secoué de vague en vague, balotté par les flots écumants comme un fétu de paille dans les violents courants de torrents de montagne, jetté en l'air comme une grappe de raisin que se lancent de main en main les cueilleurs. Puis, plus monstrueuse et plus puissante que les autres, comme grosse de toutes les fureurs de la mer, une vague vient s'écraser sur le navire désemparé, le submergeant d'écume et, brisant sans effort ses flancs vigoureux, mêle horriblement débris de rames, bordés, mâts et planches aux corps déchiquetés des marins. Vous n'échappez pas non plus à la colère de l'Océan, cher Althéos, car vous en êtes la cause, et vous coulez bientôt avec le navire dans les profondeurs du royaume de Poséidon.

258

Vous êtes maintenant tout à fait éveillé et vous vous efforcez de comprendre ce qui se dit. Il apparaît bientôt évident qu'ils projettent de tuer le roi de Thèbes. Préférez-vous ne vous en mêler d'aucune manière (rendez-vous au **70**), prenez-vous le parti du roi (rendez-vous au **64**) ou celui des conspirateurs (rendez-vous au **240**) ?

259

Lorsque vous émergez de la tente, vous êtes cerné par une vingtaine de guerrières. Vous n'avez pas la possibilité de résister. Elles se contentent alors de vous dépouiller de toutes vos armes et de votre cuirasse et de vous renvoyer, uniquement vêtu d'un pagne.

— Voilà ta punition, ricane l'une d'elles, pour avoir pénétré dans notre camp comme un loup ou un voleur.

Vous perdez 4 points d'Honneur et vous vous rendez au **320**.

260

Voyant que vous êtes un homme violent, les pélerins effrayés s'empressent de vous offrir une petite statue d'Apollon en vous suppliant de les épargner. Conscient d'avoir déjà gravement offensé Apollon en attaquant des pélerins en route pour son temple, vous refusez et vous quittez rapidement la petite troupe. Alors que vous redescendez le chemin, vous les entendez vous maudir et appeler les foudres d'Apollon pour vous punir. Apollon vous est maintenant Défavorable mais s'il est votre protecteur, vous perdez 2 points d'Honneur. Il est tard lorsque vous approchez de Kira. Rendez-vous au **339**.

261

Une fois arrivé à proximité de l'autre berge, vous entendez la femme hurler quelque chose. Puis, en écoutant plus attentivement, vous vous rendez compte que la voix rauque et cassée de la vieille femme est devenue douce et musicale. Vous vous retournez et, à votre surprise, vous découvrez qu'il s'agit de la déesse Héra.

— Aujourd'hui tu me rejettes, dit-elle, mais demain tu viendras me supplier.

Héra vous est maintenant Défavorable. Rendez-vous au **294**.

262

La guerrière à la peau d'ours a 7 points de Force et 14 de Protection. Si vous mourez et êtes sauvé par Zeus, rendez-vous au **180**. Si vous battez en retraite, rendez-vous au **275**. Si vous vous rendez, allez au **355**. Si vous la blessez grièvement, rendez-vous au **375**.

263

Songeant encore aux événements de la nuit, vous laissez les hautes vallées de Tirynthe derrière vous et vous continuez votre voyage vers le nord et Mycènes par une route assez peu fréquentée, bordée de hauts talus. Au bout de quelques heures de marche, vous arrivez à un croisement. Incertain de la direction à prendre, vous interrogez un paysan qui se rend au marché de Tirynthe. Il vous indique que le chemin conduit à Epidaure, la ville d'Asclépios le guérisseur, et que, comme vous le pensiez, la route sur laquelle vous êtes mène bien à Mycènes, la cité des lions. Si vous prenez le sentier d'Epidaure, rendez-vous au **324** ; sinon vous allez vers Mycènes (rendez-vous au **503**).

264

Les dieux sont satisfaits de votre courage mais il vous faut bien admettre que même un héros ne peut combattre victorieusement vingt hommes bien équipés. Vous gagnez 1 point d'Honneur puis, soit vous leur donnez l'argent qu'ils réclament (rendez-vous au **215**), soit vous attelez le bœuf à la charrue (rendez-vous au **413**).

265

Laissant le cadavre de l'ours là où il est, vous poursuivez votre route. Soudain, une lanière de votre sandale casse et vous devez vous arrêter quelque temps pour la réparer. Progressivement, la forêt se fait moins dense. Rendez-vous au **13**.

266

L'aubergiste vous accueille d'un sourire aimable et vous montre votre chambre. Vous prenez votre repas puis vous allez vous coucher, satisfait et heureux de passer une bonne nuit de repos. Le lendemain matin, après un copieux petit déjeuner, vous repartez vers la ville. Rendez-vous au **3**.

267

Vous gagnez 8 points d'Honneur pour votre victoire puis vous sautez par la fenêtre car vous entendez accourir d'autres gardes dans le couloir. Rendez-vous au **472**.

268

Vous êtes presque arrivé à Crommyon. Mais vous devez continuer à pied car, le fermier devant rendre visite à un de ses amis, vos chemins se séparent ici. Avant de repartir, il vous donne un gros morceau de fromage, ce dont vous le remerciez chaleureusement. Des cheminées des premières maisons devant lesquelles vous passez tourbillonnent de minces volutes de fumée. Enfin, vous pénétrez à Crommyon. Rendez-vous au **100**.

269

Vous prenez le bol et vous commencez à manger une poignée de grains de blé. La foule crie d'horreur en vous voyant faire. Rendez-vous au **120**.

270

Vous entrez dans la cuisine où se prépare un grand festin. Un ragoût mijote doucement dans d'énormes chaudrons de bronze et un des aides dispose une tête de sanglier sur un grand plat de terre. Vous voyez du pain et du vin en quantité. Dans un coin, une vieille femme tresse un panier ; plus loin, un jeune garçon fait briller une parure de table en or. Cette seule pièce vous semble déjà plus grande que la maison de votre mère Aéthra, à Trézène. Rendez-vous au **382**.

271

Votre cheval atteint enfin la ligne d'arrivée, à bout de souffle, mais personne ne vient vous féliciter. Tout le monde entoure le vainqueur au front ceint d'une couronne de lauriers. Un peu déçu, vous retournez à l'auberge, ayant déjà oublié le but de votre quête et rêvant tout éveillé de chars et de chevaux, priant pour que vous soyez le futur gagnant de la couronne. Vous perdez 2 points d'Honneur. Le lendemain matin, raide et endolori, vous repartez pour Athènes. Rendez-vous au **474**.

272

L'aubergiste entre doucement, une hache à la main. Ne voyant personne dans le lit, il sursaute et commence à fouiller la chambre. Poussant votre cri de guerre, vous passez à l'attaque et vous lui infligez une Blessure. Puis vous commencez le combat. Procuste a 1 point de Force, une Protection de 10 et sa hache est de Force 5 et de Protection – 3. Acculé dans un coin de la pièce, vous ne pouvez fuir. S'il est Grièvement Blessé, rendez-vous au **21**. Si vous vous rendez, allez au **571**. Si vous mourez et que Zeus vous sauve, rendez-vous au **263**.

273

L'Amazone jette sa sarisse au sol, incapable de poursuivre le combat.
— Sois clément, crie-t-elle, et Héra te souriera.
L'épargnez-vous (rendez-vous au **507**) ou la tuez-vous sans façon (rendez-vous au **516**) ?

274

Vous avouez en balbutiant que vous avez épargné les hommes et qu'ils se sont échappés.
— Tu me fais perdre mon temps, répond le roi. Enfermez-le dans la grange. Demain matin, je le flagellerai moi-même publiquement.
Rendez-vous au **433**.

275

Vous êtes pénalisé d'un point de Honte supplémentaire pour vous être enfui et avoir abandonné la lutte. Quelque temps après votre fuite, il semble bien que les Athéniens soient en train de perdre. Alors

272 *L'aubergiste entre doucement, une hache à la main et commence à fouiller la chambre.*

vous repartez courageusement à l'assaut. Revenez au **102** et choisissez un adversaire différent.

276

Vous vous approchez d'unc ruche mais, aussitôt attaqué par une multitude d'abeilles, vous renoncez en pensant que le miel ne vaut pas le prix que Zeus a décidé de vous faire payer. Retournez-vous au bateau en attendant d'appareiller de Mélos (rendez-vous au **595**) ou, avec quelques marins, tentez-vous de tuer une vache pour avoir un peu de viande fraîche (rendez-vous au **59**) ?

277

Vous arrivez enfin à Epidaure. Vous êtes très étonné par la foule qui grouille dans les rues. Des inconnus passent devant vous et vous poussent sans faire attention contre les murs. Personne ne s'arrête ou ne vous remarque et ils ont tous l'air malheureux, comme abandonnés par les dieux. Vous vous armez de courage et vous accostez une noble dame. Elle vous ignore souverainement. C'est presque avec désespoir que vous attrapez un passant par le bras et que vous le secouez :
— Ami, dites-vous, où puis-je trouver une auberge ? Et pourquoi la ville est-elle si morne ? Zeus serait-il en colère contre le peuple ? Les Harpies vous ont-elles punies de vos festins ?
L'homme secoue la tête et vous indique quelque chose dans la rue. Vous ne voyez qu'une misérable taverne. Vous vous retournez à nouveau vers l'homme pour en savoir plus mais il a déjà disparu. Résigné, vous vous approchez de la petite maison. Les marches sont sales et les vitres noires de crasse. Au-dessus de la porte, une enseigne confirme que vous pourrez trouver là une chambre pour la

nuit. Entrez-vous (rendez-vous au **36**) ou repartez-vous (rendez-vous au **341**) ?

278

Aphrodite est votre protectrice et vous n'avez pas rendu hommage à la beauté, vous n'avez pas deviné la vérité. Jusqu'à votre arrivée en Crète, Aphrodite ne sera plus votre protectrice. Vous êtes pénalisé de 6 points de Honte et vous vous rendez au **608**.

279

Vous arrivez au port. Mais, alors que vous parvenez à l'endroit où est amarré le fier vaisseau d'Athéna, vous vous apercevez en fouillant votre tunique que les documents destinés au puissant roi Minos de Crète ont disparus. Vous manquerez à la parole donnée à votre père si vous ne les retrouvez pas. Il ne vous reste que peu de temps avant l'appareillage. Allez-vous cherchez dans l'auberge de Cythnos (rendez-vous au **380**) ou, à proximité, dans une grande maison blanche (rendez-vous au **545**) ?

280

La grosse cuisinière vous regarde d'un air sournois et dit :

— Ainsi tu serais Althéos, le fils d'Egée.

Comme vous approuvez, elle se met à crier :

— Gardes, arrêtez cet homme !

Avant même que vous ayez le temps de vous enfuir ou de traverser la cuisine pour vous échapper dans le palais, deux gardes armées d'un glaive et d'un grand bouclier sont sur vous. Ils ont chacun 5 points de Force et 14 de Protection — c'est-à-dire 3 points de Force et 10 de Protection, plus le glaive (Force 3) et le grand bouclier (Force – 1, Protection 4). Souvenez-vous aussi des règles de combat contre des adversaires multiples. Si vous mourez et êtes sauvé par Zeus, rendez-vous au **166**. Si vous vous rendez, allez au **457**. Si vous fuyez, rendez-vous au **289**. Lorsque les deux gardes sont grièvement blessés, rendez-vous au **119**.

281

Vous vous rendez au palais et, comme prévu, vous découvrez une porte de service ouverte. Vous vous glissez à l'intérieur et vous grimpez l'escalier qui conduit aux appartements du roi. En haut s'ouvre un couloir dont les murs sont richement décorés de fresques. Vous ne vous attardez pas à les admirer, uniquement préoccupé de votre mission. Enfin vous arrivez devant la chambre du roi qui n'est pas gardée. Vous en repoussez le verrou et vous entrez silencieusement. Le roi ronfle bruyamment. Malgré son profond sommeil, il remue d'une façon menaçante une grande épée, encore dans son fourreau. Vous vous précipitez au bord du lit en tirant la dague que les conspirateurs vous ont donnée. Rendez-vous au **24**.

282

Vous déséquilibrez l'animal d'une ultime poussée puis, bloquant la circulation du sang en appuyant des deux pouces sur sa gorge, vous l'asphyxiez progressivement. Poussant un ultime beuglement d'agonie, la bête meurt. Vous êtes vainqueur mais vous ne prenez même pas le temps d'obtenir votre juste récompense et vous vous contentez de couper un bout de corne en guise de preuve de votre victoire. Impatient que vous êtes de retourner à Athènes, vous partez immédiatement vers le palais de votre père. Vous gagnez 7 points d'Honneur. Rendez-vous au **456** .

283

Vous revenez du champ de bataille, couvert de sang mais sans avoir été Blessé. Cette victoire est la vôtre. Lorsque vous pénétrez dans la grande salle d'Egée, la plupart des guerriers sont rassemblés, pleurant encore leurs morts mais déjà réjouis que les belliqueuses Amazones soient retournées à leurs bateaux. A l'autre extrémité, les serviteurs courent en tous sens pour préparer le festin de la victoire. Tout le monde vous félicite pour votre valeur au combat comme des rameurs félicitent le hardi navigateur qui les a guidés sains et saufs à travers les récifs. Rendez-vous au **441**.

284

Vous repoussez le vieil homme. Personne ne s'en aperçoit mais vous sentez que les dieux vous sont acquis. Rendez-vous au **299**.

285

La porte s'ouvre à nouveau mais, au lieu de vous retrouver en face de la barbe grise de l'aubergiste, on vous jette en pleine figure un seau plein d'ordures, fonds de cruches et aliments mêlés. Vous êtes pénalisé d'un point de Honte pour cette humiliation. Vous devenez enragé et vous tentez de forcer l'entrée de l'auberge. Reprenez-vous votre sang-froid et repartez-vous, tous vos vêtements encore imprégnés d'odeurs nauséabondes (rendez-vous au **304**) ou forcez-vous le passage pour lutter avec l'aubergiste et ses amis (rendez-vous au **192**) ?

286

Vous croyez voir le dieu jovial courir dans les bois, accompagné de ses Ménades comme un chasseur est suivi de ses chiens.

— Attention, crie-t-il, ou tu subiras le sort de nos proies. Le vin est empoisonné, n'en bois pas !
Vous n'avez pas encore bu de tout le festin lorsque le roi se retourne pour vous adresser la parole. Rendez-vous au **170**.

287

Le commerçant hurle :
— Arrêtez-les ! Aux voleurs !
Toute la foule se met à hurler et à courir en vociférant à la poursuite des hommes. Vous ne comprenez pas comment chacun peut espérer arriver à quelque chose dans cette pagaille, comparable aux combats des Achéens à Troie, mais pourtant les voleurs sont finalement pris par les gardes du marché qui les emmènent pour être jugés. Rendez-vous au **414**.

288

L'aurige blessé se saisit vivement du bijou, ravi que vous offriez un tel joyau. Tu conduiras le char pourpre, annonce-t-il. Rendez-vous au **391**.

289

En vous retournant pour échapper à vos adversaires, vous heurtez du coude un chaudron dont le ragoût brûlant vous ébouillante la jambe. Vous hurlez de douleur en tombant, juste aux pieds de deux gardes venus sur vous par derrière. Vous avez beau vous débattre, hurler, encore tout étonné des mauvais traitements que vous subissez dans la maison de votre père, on vous emmène sans ménagement. Rendez-vous au **459**.

290

Arès, le Destructeur, apparaît soudain.
— Porte de pin. Pas mal. Ennemis éliminés, excellent. Beau travail. Continue. Bon p'tit gars.

Puis le dieu disparaît dans un nuage de fumée rouge. Si Arès n'est pas votre protecteur, il vous est désormais Favorable et vous obtenez 3 points d'Honneur. S'il l'est, vous gagnez alors 5 points d'Honneur. Dans les deux cas vous êtes pénalisé de 2 points de Honte pour avoir tué un homme qui se rendait. Vous passez la nuit dans la meilleure chambre de l'auberge et aucun client ne se risque à vous approcher. Le lendemain, vous poursuivez votre voyage. Rendez-vous au **3**.

291

L'Amazone ne se rend pas. Souvenez-vous qu'elle est de Force 7 et de Protection 13. Si vous parvenez finalement à la tuer, rendez-vous au **527**. Si vous battez en retraite, rendez-vous au **275**. Si vous vous rendez, allez au **355**. Si vous mourez et êtes sauvé par Zeus, rendez-vous au **180**.

292

Vous lui tendez votre arme en hésitant et le sage la jette aussitôt par terre.

— Quel besoin ai-je d'une arme, s'écrie-t-il, moi qui connaît du monde les plus beaux paysages ? Face à la vague, la meilleure des armes s'incline.

Il se met à ricaner comme un dément, roule dans une mare boueuse et disparaît en rampant dans les buissons avec une vivacité inattendue. Vous restez quelques secondes ahuri puis, reprenant votre arme, vous retournez au bateau. Vous gagnez 1 point d'Honneur et vous vous rendez au **583**.

293

Vous menacez de la tuer si elle ne vous dit pas la raison de son attaque. Un instant songeuse, elle lisse ses longs cheveux noirs et dit :

— Ce n'est pas un secret. Lorsque les armées d'Egée sont reparties victorieuses de notre pays, elles ont emporté avec elles un peigne d'or consacré à Héra : peu de chose pour vous mais, pour nous, cet objet symbolise le pouvoir de notre reine.
Sans y réfléchir, vous ramassez une boucle d'oreille en argent, tombée par terre. Rendez-vous au **507**.

294

Fatigué, vous avez du mal à traverser l'autre moitié de la rivière ; vos jambes s'engourdissent progressivement par le froid. Vous entendez vaguement quelque chose tomber dans l'eau, sans doute une pierre qui roule dans le lit du torrent. Vous parvenez enfin sur l'autre rive. Rendez-vous au **417**.

295

Vous débarquez à Théra qui, contrairement à l'impression que vous en aviez eu de loin, semble plutôt être une terre désolée. Vous vous êtes à peine promené dans les environs que vous remarquez quelque chose d'étrange : une femme, assise sur un trône doré au pied d'une haute falaise. Deux hommes l'entourent : un guerrier à l'air farouche appuyé sur une grande lance et un boiteux, vêtu d'un tablier de cuir épais comme en portent les forgerons, un lourd marteau noir à la main. A ce moment, aussi soudainement que l'éclair jaillit des mains de Zeus, la falaise commence à s'écrouler, projettant en tous sens d'énormes blocs de rochers.
— Sauve-nous, crient alors les trois personnages.
Vous n'avez le temps que d'en sauver un seul. Si Héra est votre protectrice, rendez-vous au **26**. Si Arès est votre protecteur, rendez-vous au **139**. Sinon, rendez-vous au **543**.

295 *Une femme, assise sur un trône doré, est entourée d'un guerrier appuyé sur une lance et d'un boiteux portant un lourd marteau.*

296

Vous êtes pénalisé de 5 points de Honte pour n'avoir pas même envisagé de venir en aide au temple d'un si grand dieu. Conscient de votre crime et, finalement, passablement mécontent de vous, vous attendez avec impatience que le bateau soit réapprovisionné pour pouvoir repartir et échapper ainsi aux regards stupéfaits et déçus que les vieillards posent sur vous. Rendez-vous au **492**.

297

Le temple est complètement dépouillé, contrairement à celui de Trézène richement décoré de tapisseries. Les seuls ornements sont les milliers de cadeaux déposés devant le sanctuaire. Un lourd rideau blanc aux coins dorés dissimule la Pythie aux yeux des fidèles. Un prêtre en robe blanche s'approche de vous, s'arrête et attend sans mot dire, calmement d'abord, puis avec impatience et agacement. Rendez-vous au **126**.

298

Vous descendez rapidement dans l'entre-pont pour y prendre vos armes avant que le serpent n'attaque à nouveau. Mais vous n'en avez pas le temps : vous entendez un grand bruit de craquement, comme en produit le chêne robuste qui s'abat foudroyé par l'éclair, et les flots écumants se précipitent dans les entrailles du navire, vous emportant dans les profondeurs. Jetez deux dés. Si le résultat obtenu est égal ou supérieur à la différence entre vos points d'Honneur et vos points de Honte, rendez-vous au **453**. S'il est inférieur, rendez-vous au **477**.

299

La prêtresse, que les pouvoirs du dieu ont maintenant abandonnée, redevient silencieuse.

Le prêtre s'approche de vous et dit :
— Je dois vous transmettre les paroles du dieu des prophéties. Apollon a parlé ainsi :

« Va retrouver la tendre fille du lointain roi
Et au fruit des brebis garde entière ta foi. »

Il sourit alors d'un air rusé, la main tendue discrètement. L'ayant largement remercié pour son aide, vous reprenez vos armes et vous repartez sur la route de Thèbes (rendez-vous au **191**).

300

La prêtresse bondit près de vous et s'exclame :
— Le printemps est revenu ! Persephone, la fille de Déméter est revenue ! Réjouissons-nous car la mère suprême sourit une nouvelle fois à la terre.
Sur ce, commencent les réjouissances : festins, danses, chants et célébrations de la déesse de la fertilité. Il est tard dans la nuit lorsque vous vous retirez à l'écart pour dormir, repu de nourriture et abreuvé de vin. Vous mettez longtemps à trouver le sommeil à cause des clameurs joyeuses des pélerins et du tintement incessant des cymbales sacrées. A votre réveil, le lendemain, les célébrations se poursuivent. Au moment de partir, la grande prêtresse s'approche de vous et vous offre une broche en or qui représente un épi de blé. Elle vous explique qu'ainsi, partout où vous irez, on vous reconnaîtra pour un ami de la prêtresse de Déméter. Puis elle vous salue et retourne dans l'enceinte sacrée. Vous gagnez 3 points d'Honneur et Déméter vous est maintenant favorable. Rendez-vous au **138**.

301

Voyant que le combat est sans espoir et que vous avez trop de chance, les deux hommes tombent à genoux en implorant votre clémence. L'un d'eux supplie :

— Épargne-nous et nous te dirons tout. Tue-nous et tu auras les mains souillées du sang du roi de Thèbes et les implacables furies te poursuivront jusqu'à ton dernier jour.

Vous gagnez 6 points d'Honneur. Si vous prenez leur dague (Force 1, Protection 0) sachez que vous ne pourrez pas l'utiliser conjointement avec une autre arme. Épargnez-vous les deux hommes (rendez-vous au **429**) ou les tuez-vous sans hésitation (rendez-vous au **177**) ?

302

La route vers Pagai est jonchée des cadavres de vaches et de chèvres atteintes de la peste et qui pourrissent là au soleil depuis des jours, dégageant d'épouvantables odeurs. Impassible, vous forcez le pas sans vous laisser dévier de votre route par la malchance de quelque fermier. Vous passez près d'un temple consacré à Athéna, la déesse à la chouette, et vous pénétrez dans la ville dont elle est la protectrice. Les rues sont étrangement désertes. Un peu plus loin, un homme vous fait signe d'approcher.

— Étranger, dit-il, car tu en es certainement un, n'as-tu pas entendu parler du fléau qui nous frappe, la peste ? Ce sont les rats qui nous ont contaminés mais, jusqu'à présent, tous nos efforts pour les faire disparaître ont été vains. Plusieurs habitants ont péri de leurs cruelles morsures. Toi, peut-être, pourrais-tu nous aider ?

Quittez-vous Pagai aussi vite que possible (rendez-vous au **490**) ou acceptez-vous d'aider la ville d'Athéna (rendez-vous au **206**) ?

303

Vous prenez le gâteau, vous y étalez un peu de miel puis vous arrosez le tout de lait, tiré d'une outre accrochée à votre ceinture.

— Déesses infernales, laissez cet homme et acceptez ce cadeau en échange.

Les Furies ont l'air contrariées mais s'envolent vers vous et, se saisissant avidement du gâteau que vous leur tendez, repartent dans la nuit en grinçant :

— Aujourd'hui tu nous interromps mais sache que ce misérable ne nous échappera pas.

Vous perdez 1 point d'Honneur pour avoir détourné le cours de la justice divine. Rendez-vous au **501**.

304

Arès aux yeux rouges se dresse devant vous en disant :

— Vil couard. Aucun courage. Reprends tes esprits ! Maintenant, pas de déshonneur. Ça suffit. Réformé.

Si Arès n'est pas votre protecteur, il vous est maintenant défavorable. S'il est votre protecteur, la prochaine fois vous combattrez sans l'aide de sa force surnaturelle. Dans les deux cas, vous êtes pénalisé de 1 point de Honte. Rendez-vous au **23**.

305

Comme vous alliez repartir, Apollon se dresse devant vous, la robe sale et les cheveux dépeignés.

— Je suis horriblement désolé, dit-il, je me suis levé tard et j'ai oublié de venir. L'immortalité endort tellement. Ah oui, une prophétie :

« Caché derrière ses vagues, l'homme de bronze adore
Envoyer à la tombe, trop tôt, les héros forts.
Un jour, de lui, tu connaîtras la mort. »

— Désolé, je dois me dépêcher maintenant, ajoute le divin Apollon avant de disparaître.
Perturbé par les paroles du dieu, vous ressortez et vous apercevez les vieillards loin devant vous. Ils ne peuvent pas avoir entendu la prophétie du dieu. Vous vous dépêchez de les rattraper. Rendez-vous au **449**.

306

La flamme vacille puis s'éteint dans un sifflement alors qu'une mince fumée grise monte vers le ciel. La foule applaudit et attend la suite de la cérémonie. Rendez-vous au **89**.

307

Il vous semble voir Arès, le destructeur, derrière l'animal.
— Althéos, dit-il, sois le plus fort et tue ce taureau.
Pour ce combat seulement, votre Force augmente de 2 points. Rendez-vous au **136**.

308

Le prêtre accepte le bijou sans un mot et vous conduit en face du sanctuaire. Si Apollon vous était Défavorable, il est maintenant Neutre à votre égard. Rendez-vous au **181**.

309

Aucun évènement notable ne vient troubler votre voyage vers Tirynthe et vous ne rencontrez même pas de compagnons de route. A la tombée de la nuit vous arrivez dans la cité aux puissantes murailles. Vous promenez-vous un peu (rendez-vous au **45**) ou cherchez-vous un endroit où passer la nuit (rendez-vous au **200**) ?

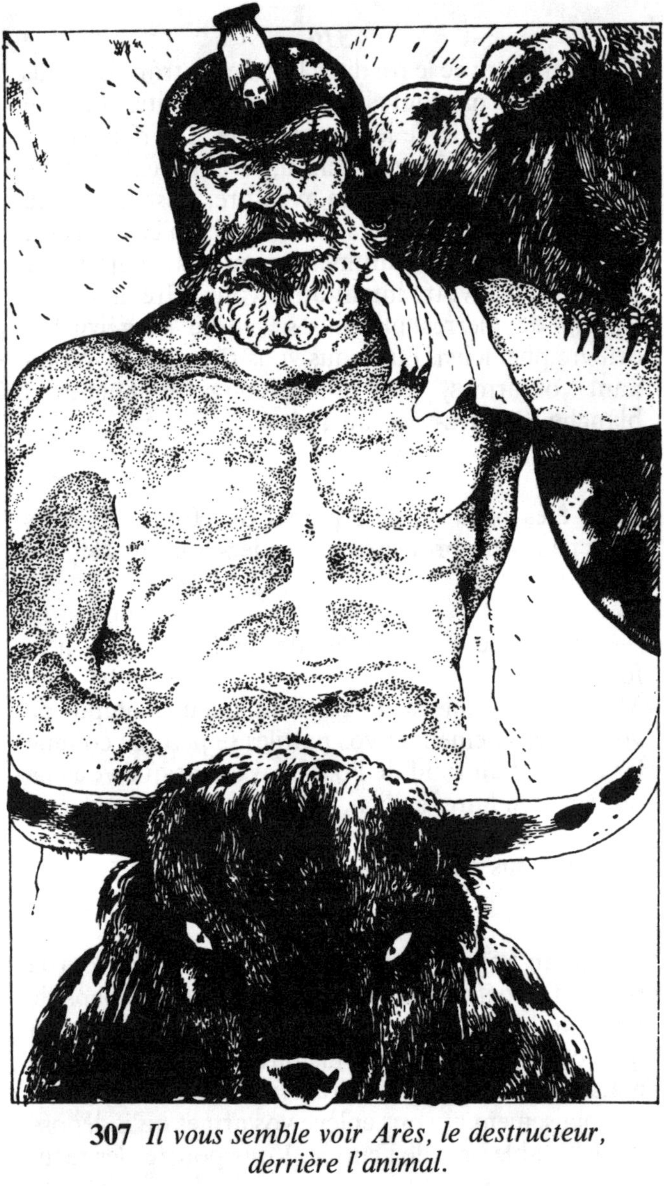

307 *Il vous semble voir Arès, le destructeur, derrière l'animal.*

310

Vous entrez avec le roi dans la salle du trône où vous êtes acclamé par toute la noblesse de la cité, vous qui avez sauvé la vie de leur monarque. Les réjouissances durent des heures. Enfin, avant que vous ne repartiez poursuivre votre aventure, c'est la fille du roi en personne qui vous donne un bain et vous lave les pieds selon la coutume. Le roi fait remplir une outre de vin à votre intention et vous offre un miroir enrichi de pierres précieuses, œuvre d'un célèbre orfèvre phénicien. Puis vous vous rhabillez et, reprenant vos armes, vous prenez congé de Thèbes la blanche. Rendez-vous au **134**.

311

Vous êtes pénalisé de 3 points de Honte. Artémis n'est pas votre protectrice. Rendez-vous au **265**.

312

— Arrêtez cette inutile lapidation ! criez-vous à la foule.

Mais les Athéniens ne tiennent aucun compte de votre avertissement et vos paroles se perdent comme les cailloux au fond de l'océan. Voyant que vous ne pouvez rien faire de bien, vous pressez le pas en évitant soigneusement de regarder cette horrible scène. Rendez-vous au **394**.

313

Arrivé au palais, vous frappez avec insistance à la porte et la petite cour résonne aussitôt des échos de vos coups. Finalement arrive un garde en cuirasse à qui vous racontez toute l'histoire. Il a l'air sceptique mais vous fait signe d'entrer. Ensuite il vous fouille soigneusement et vous enlève vos armes qu'il dépose sur une table près de l'entrée. Vous pourrez les récupérer à la sortie, vous affirme-t-il. Puis il vous conduit par de longs couloirs, dont les tentures accrochées au mur racontent le combat des dieux et des Titans, jusqu'à une grande salle où trône le roi. Le garde vous fait vous agenouiller devant son monarque, un homme grand et gros aux cheveux blonds, vêtu d'une somptueuse robe tachée de graisse. Le roi se met à rire et demande quel divertissement se prépare aujourd'hui. Lorsqu'il a entendu votre histoire, il vous regarde d'un air ennuyé puis vous demande soudain :

— Où sont ces hommes ? Qu'avez-vous fait d'eux ?

Si vous les avez laissé partir, rendez-vous au **274**. Si vous les avez tués, rendez-vous au **566**.

314

Vous avez laissé tomber le bijou et c'est ce qui a produit ce clapotement. Vous cherchez autour de vous et vous finissez par le retrouver. Vous le rangez soigneusement dans la poche de votre tunique et vous poursuivez votre route vers Kléonai où vous allez à l'auberge. Rendez-vous au **266**.

315

Même s'il était malfaisant, vous êtes pénalisé de 2 points de Honte pour avoir tué votre hôte. En revanche, vous gagnez 4 points d'Honneur pour votre victoire et vous pouvez prendre sa hache (force 5, protection – 3). Ensuite vous quittez la ville. Rendez-vous au **263**.

316

Vous soulevez la vieille femme et vous entrez dans la rivière. Le courant est puissant mais vous parvenez à avancer malgré tout assez rapidement. Lorsque vous approchez de l'autre rive, la vieille femme s'est transformée et vous reconnaissez soudain Héra, la reine des dieux.

— Althéos, crie-t-elle à votre oreille pour couvrir le vacarme du torrent, tu as fait ce qu'il fallait et sans même m'avoir reconnue, tu m'as rendu service.

Si Héra est votre protectrice, rendez-vous au **584**. Sinon, rendez-vous au **60**.

317

Vous réalisez soudain que le prêtre attend sans doute un petit cadeau pour Apollon. Si vous avez la statuette et si vous désirez l'offrir, rendez-vous au **554.** Si vous préférez donner le bijou de votre mère, rendez-vous au **308**. Si vous lui glissez un peu d'argent, rendez-vous au **480**. Si vous préférez ne rien faire, rendez-vous au **43**.

318

Si vous voulez plonger du bateau dans l'océan glacé pour affronter cette immonde créature des profondeurs, rendez-vous au **361**. Mais si vous préférez attendre de pied ferme son attaque en restant sur le robuste navire d'Egée, rendez-vous au **484**.

319

Cette pensée n'a pas plus tôt effleuré votre esprit que la bourrasque recommence à souffler. Il n'est pas très sage, lorsqu'on est en mer, de provoquer la colère de Poséidon. Rendez-vous au **125**.

320

Vous vous éloignez rapidement du camp des Amazones, de peur que quelqu'un vous aperçoive et vous fasse prisonnier. En effet, vous devez prévenir Athènes de l'importance des troupes qui se sont rassemblées et être prêt à défendre demain la cité de votre père. Une fois dans la ville, ayant atteint rapidement le palais, franchi une nouvelle fois l'entrée fleurie, vous rejoignez votre père et vous lui racontez tout ce que vous avez vu. Maintenant, allez-vous rester éveillé, au cas où l'assaut se produirait cette nuit (rendez-vous au **497**) ou allez-vous dormir pour être en forme lors de la bataille (rendez-vous au **52**) ?

321

Au moment où vous prenez à la corde un virage serré, un gamin jette une petite pierre juste devant vous. Votre cheval fait aussitôt un écart, la roue de votre char heurte le muret et, déséquilibré, vous tombez aux pieds des spectateurs. Vous n'avez rien. Avec colère, vous cherchez des yeux le garçon mais il a déjà disparu. Vous êtes pénalisé de 1 point de Honte et vous perdez 2 points d'Honneur. Alors, vexé et un peu contusionné, vous retournez à l'auberge pour vous remettre, n'attendant même pas les cérémonies de remise des prix. Le lendemain matin, vous prenez un misérable petit-déjeuner et vous repartez vers Athènes (rendez-vous au **474**).

322

Votre lourde cuirasse vous attire au fond. Vous tentez bien de vous en défaire mais il est trop tard, le monstre est déjà sur vous. La mer sera votre tombeau à moins que vous ne puissiez prier Zeus. Si oui, rendez-vous au **579**.

323

Vous vous éloignez de Mélos à la rame, faute de vent, faisant route sur Théra. Vous restez alité dans votre hamac un jour et une nuit, pris brutalement par une fièvre étrange. Votre sommeil est agité et, dans les rêves que vous envoit sans doute l'Olympe, défilent tous ceux que vous avez rencontrés : Egée, Médée, le capitaine, votre dieu protecteur, tous se confondant avec le hideux visage de Minotaure. Un jour enfin, vos fièvres disparues, vous grimpez dans la mâture pour apercevoir au loin l'île de Théra, ses falaises brillant d'un éclat surnaturel, comme un joyau, à la lumière du soleil. Rendez-vous au **295**.

324

Vous marchez péniblement sur la route poussiéreuse, accablé de chaleur par les rayons brûlants d'un soleil au zénith. Au moment de vous asseoir pour boire et vous reposer un peu, vous apercevez soudain quelque chose d'étrange sur le bas-côté de la route. Là, au milieu des buissons et des nombreux arbustes, vous découvrez un cadavre à moitié décomposé encore partiellement protégé par un plastron de cuir. Un peu plus loin, une chaussure et une garde d'épée cassée et rouillée témoignent du combat formidable qu'a dû mener le voyageur.

Poussant un profond soupir, vous faites une rapide prière à votre protecteur pour que votre destin soit plus heureux et que vous puissiez vivre au moins le temps de voir les murs du palais de votre père. Puis, chassant ces amères pensées, vous repartez vers Epidaure. Rendez-vous au **277**.

325

Avant que vous ne puissiez répondre, la déesse a disparu. Vous vous dirigez alors vers l'Acropole, la citadelle d'Athènes qui surveille la cité comme un phare les océans, comme un roi puissant veille sur son peuple. La chaleur est oppressante dans les rues maintenant désertes au soleil de l'après-midi. Vous vous reposez quelque temps, à moitié allongé devant une des humbles maisons qui constituent cette partie de la cité. Rendez-vous au **244**.

326

Vous gagnez 1 point d'Honneur pour votre décision. Il fait presque nuit maintenant et, lorsque vous arrivez au port, s'éteignent vers l'ouest les derniers rayons du soleil. Au moment d'atteindre le navire, vous vous apercevez avec horreur que les documents destinés à Minos ont disparus. Vous n'avez malheureusement pas le temps de les rechercher car le bateau doit bientôt lever l'ancre. L'inquiétude au cœur, vous devez abandonner les lettres. Rendez-vous au **475**.

327

Le bateau a déjà largué ses amarres et, sur leurs bancs, les hommes tirent vigoureusement sur leurs lourdes rames. Le surveillant, sans fouet car tous ces hommes sont volontaires, imprime le mouvement en battant la cadence sur un tambour de peau. Les jeunes Athéniens promis au sacrifice restent silencieux et réservés même si, parfois, ils vous adressent des paroles d'encouragement comme des hommes en appelleraient à l'Olympe :

— Althéos, toi le dresseur de chevaux, sauve-nous !

Ou encore :

— Althéos fera s'effrondrer les hauts murs de la citadelle de Cnossos et nous ramènera à Athènes.

Une des jeunes filles, qui ressemble beaucoup à votre mère Aéthra, vous fait songer un instant à cette maison que vous avez quittée il y a maintenant bien longtemps... Le voyage se poursuit pourtant au rythme immuable des jours — soleil et lune se succédant pour éclairer le monde. Parfois vous naviguez sous voiles ; à d'autres moments, les rameurs sont nécessaires. Lorsque la houle se fait un peu forte, vous souffrez du mal de mer et vous êtes bien souvent incapable d'aider à quoi que ce soit. Vous avez l'impression que le taureau de Marathon piètine votre estomac, que cent lances vous pénètrent le cerveau, toute votre tête ébranlée de coups sourds. Enfin, vous comprenez vaguement que le navire, après avoir longtemps longé les côtes d'Attique, est maintenant en vue de l'île déchiquetée de Céos. Vous entendez soudain crier à l'avant :

— Althéos, appelle le capitaine, venez vite !

Vous bondissez sur vos pieds et, titubant, vous vous approchez de lui.

Vous en êtes encore à vous demander comment les marins parviennent à conserver leur équilibre dans de telles conditions que, regardant dans la direction indiquée par tous, vous apercevez — et l'horreur se peint sur votre visage — un gigantesque monstre, sorte de serpent de mer à la tête hérissée de pointes, les yeux jettant des éclairs venus des profondeurs insondables, sa gueule ouverte laissant apparaître

327 *Une sorte de serpent de mer gigantesque se dresse, ses yeux jettent des éclairs, sa gueule ouverte laisse apparaître d'énormes crocs aiguisés.*

d'énormes crocs aiguisés, son corps parcouru de reflets bleus, verts et jaunes. Si Poséidon est votre protecteur, rendez-vous au **448**. Si Poséidon vous est Défavorable, rendez-vous au **179**. Si Poséidon est Neutre à votre égard, rendez-vous au **577**. Si Poséidon vous est Favorable, rendez-vous au **547**.

328

— Je suis Althéos, fils d'Egée, répondez-vous en prenant votre voix la plus aimable.
Le garde vous regarde d'un air surpris puis vous demande de le suivre. Vous suivez quelque temps un étroit couloir puis l'homme vous indique de la main une pièce à votre gauche. Lorsque vous y êtes entré, vous réalisez alors que quelque chose ne va pas. Vous faites rapidement demi-tour mais, trop tard, la porte s'est déjà refermée et vous voilà en prison, une lugubre cellule au sol recouvert de paille humide et sans aucune couverture. Par le judas de la porte, le garde vous crie en partant :
— Voilà pour ceux qui se prétendent être fils du roi !
Rendez-vous au **185**.

329

Au moment où vous ôtez le peigne d'or de votre ceinture en gage de vos intentions pacifiques, vous distinguez une autre silhouette, dissimulée dans l'obscurité de la clairière ; c'est Arès, le dieu de la guerre, qui vous presse de combattre. Soit vous attaquez l'Amazone (rendez-vous au **517**), soit vous perdez 2 points d'Honneur et vous vous rendez au **445**.

330

Vous perdez 1 point d'Honneur et vous êtes pénalisé de 1 point de Honte pour votre apparence ! Rendez-vous au **134**.

331

Vous finissez par trouver un endroit où passer la nuit, une auberge assez plaisante, presque identique à celle de Trézène, où même les vieux qui boivent leur hydromel vous rappellent les vieillards de votre ville natale. Vous avez un peu le cafard en songeant à votre maison, à votre mère que vous avez quittée. Pourquoi ? vous demandez-vous mais vous en connaissez déjà la réponse ; les dieux ont voulu que vous accomplissiez la mission pour laquelle est mort votre frère, comme le gland de l'arbre mort doit s'efforcer de devenir lui aussi un chêne... Le lendemain matin, à nouveau reposé, vous poursuivez votre route. Vos doutes apaisés, vous pouvez aller à Delphes via Pagae (rendez-vous au **302**) ou à Crommyon (rendez-vous au **189**).

332

Vous êtes pénalisé d'un point de Honte et vous retournez au **312**.

333

Les bandits ont chacun 4 points de Force et 10 de Protection. Ils sont tous deux armés de longs couteaux (Force 2, Protection 0) mais n'ont pas de cuirasse. Souvenez-vous que le premier attaque avec 7 points de Force : ses 4 points propres plus les 2 de son couteau et 1 point pour son compagnon. Le second combat avec seulement 6 points de Force. Si tous deux sont Grièvement Blessés, rendez-vous au **171**. Si vous vous rendez, rendez-vous au **374**. Si vous mourez et êtes sauvé par Zeus, rendez-vous au **553**. Si vous fuyez, rendez-vous au **228**.

334

Vous êtes devant une grande porcherie. Le porcher est en train de distribuer leur pâtée à ses bêtes et il vous observe d'un air interrogateur. Il règne partout une épouvantable odeur. Surmontez-vous votre dégoût et vous approchez-vous pour lui demander le chemin du palais (rendez-vous au **209**) ou partez-vous le plus vite possible en essayant de trouver seul le chemin du palais de votre père (rendez-vous au **90**) ?

335

L'horrible mort s'approche de vous mais Zeus le tout-puissant en détourne le cours et vous octroie une nouvelle vie.
— Althéos, l'entendez-vous dire silencieusement, si moi je te délivre de la mort, c'est à toi qu'il appartient de libérer le peuple de Marathon.
Vous pouvez poursuivre le combat. Si vous êtes vainqueur, rendez-vous au **282**. Si vous battez en retraite, rendez-vous au **515**.

336

L'un des marins se met à hurler de joie aussitôt imité par les autres. Vous vous précipitez à la proue du navire et vous aussi, Althéos, vous découvrez le spectacle : plus seulement un nom mais désormais une réalité, la Crète emplit l'horizon de toute sa sauvage beauté. Les sept jeunes gens et sept jeunes filles restent silencieux, appréhendant le destin qui leur est réservé. Vous ressentez aussi un peu de leurs craintes au fond de votre cœur, vous qui venez de si loin et qui avez accompli des exploits dont peu de héros seraient sortis vainqueurs. Vous songez alors à Trézène, à votre mère, Aéthra, que vous avez quittée, il y a maintenant bien longtemps. Votre aventure a été si fertile en évènements : votre périple jusqu'à Athènes, la guerre contre les Amazones, le voyage en bateau, le serpent de mer, Théra, Cythère et, le plus

336 *A la proue du navire vous découvrez la Crète et sa beauté sauvage.*

récent de tous, le sinistre géant Talos, destructeur de la beauté et bourreau de nombreux jeunes d'Attique. Mais, si cette aventure se termine, votre quête commence... et se poursuit dans **A la Cour du Roi Minos**.

337

Encore tremblant après les terribles choses que vous venez de vivre, vous ouvrez les yeux et vous découvrez que vous êtes encore dans votre chambre. Ces visions pourraient-elles être un message des dieux — rêve envoyé de l'Olympe ou même des profondeurs de l'Hadès ? Vous passez rapidement votre cuirasse car le jour s'est levé et l'aurore a déjà laissé ses rouges empreintes dans le ciel du petit matin. Il est temps de vous rendre au Pirée. Vous prenez la peine de dire au revoir à votre père Egée et, les documents à la main, vous partez pour la dernière étape de votre voyage, la Crète. A la porte du palais, les gardes vous saluent avec respect. Mais, au bout de quelques pas, vous êtes perdu et vous vous voyez obligé de demander le chemin du port à un paysan. Rendez-vous au **142**.

338

Le bateau se dirige vers un promontoire battu par le vent du nord, Borée le vengeur. Juste au moment où le bateau va se briser contre les rochers, les eaux se séparent et des profondeurs surgit Poséidon, le seigneur des mers.

— Reste tranquille ! crie-t-il et, d'un geste de son trident, il apaise la mer et chasse Borée vers ses cavernes de Thrace, tout comme la foule s'apaise aux paroles lénifiantes de l'orateur et que l'on expulse le perturbateur.

Poséidon, de sa main puissante, repousse le navire à l'écart des rochers puis, d'une vague d'adieu, retourne dans son palais de corail. Rendez-vous au **194**.

339

Dans la faible lumière du crépuscule, vous apercevez sur un côté de la route des pélerins en train de discuter avec quelques hommes qui portent des javelots à pointe de fer. Les pélerins semblent devoir leur offrir quelque présent avant de poursuivre leur chemin. Lorsque vous vous approchez de l'endroit, l'un des hommes vous barre le chemin.

— Halte, pélerin ! hurle-t-il. Tu dois payer ton passage en argent ou en travail.

Il explique que, pour pouvoir aller de Kirra à Delphes, vous devrez soit lui offrir de l'argent, soit atteler le bœuf et labourer un bout du champ derrière vous. Acceptez-vous de payer (rendez-vous au **105**), essayez-vous de combattre les hommes (rendez-vous au **264**) ou attelez-vous le bœuf pour le labour (rendez-vous au **413**) ?

340

— Ah, de la nourriture ! crie le vieil homme en se léchant déjà les doigts avec délices. Comme l'ambroisie qui sustente les dieux de l'Olympe, — il saisit à ce moment le fromage que vous lui avez offert —, et qui fait couler dans leurs veines l'ichor, le sang des dieux. Mais de leurs talons le sang peut se répandre. Avant que vous ne puissiez lui demander ce qu'il veut dire, il a déjà disparu, de retour dans l'immonde cloaque qui l'abrite. Vous gagnez 1 point d'Honneur et vous vous rendez au **583**.

341

Laissant la taverne derrière vous, vous vous promenez dans la ville en cherchant un endroit plus confortable pour passer la nuit. Vous trouvez bien d'autres hôtels mais ils sont déjà complets. Vous n'avez plus que le choix de retourner à la première taverne (rendez-vous au **36**) ou bien de dormir dans la rue (rendez-vous au **255**).

342

Aussi rapidement qu'Hélios parcourt les cieux et retourne en sa bienheureuse demeure, soudain la tempête s'apaise et le vent cesse de souffler. Le dieu des profondeurs a été clément. Lui offrez-vous une prière en perdant 1 point d'Honneur (rendez-vous au **524**) ou pensez-vous avoir été sauvé par le seul mérite de votre vertu (rendez-vous au **319**) ?

343

Vous réussissez à vous échapper mais vous entendez les amazones hurler à votre intention :

— Vil lâche ! Tous les athèniens te ressembleraient-ils ?

Vous êtes pénalisé de 1 point de Honte et vous vous rendez au **320**.

344

Au moment où vous vous apprêtez à partir, vous apercevez quelque chose briller dans les buissons. Vous découvrez alors un vieux casque qui, malgré sa rouille peut encore servir (il procure 2 points de Protection). Ravi de votre trouvaille, vous poursuivez gaiement votre route (rendez-vous au **277**).

345

Que vous prend-il de vous effrayer de la chaleur et de la lumière, cher Althéos ? Zeus vous sourit et vous tremblez ? Vous perdez 1 point d'Honneur. Rendez-vous au **244**.

346

Vous êtes pénalisé de 1 point de Honte pour votre gloutonnerie et ce vol infâmant pour vous. Il serait sage de quitter Mégare et de continuer sur Eleusis. Rendez-vous au **86**.

347

En redescendant l'escalier, vous tombez sur l'aubergiste qui, voyant du sang sur vos mains, réalise alors que ses indésirables clients sont morts.

— Ami, dit-il, tu es ici le bienvenu. Mais, si tu as éliminé deux des pires brigands qui terrorisaient la ville, il en reste encore quatre. Libère notre temple. Je sais maintenant que les dieux sont avec toi et je suis sûr que tu ne vas pas nous abandonner. J'ai un conseil à te donner : fais attention aux arbres qui bordent la route du temple, il est aisé d'y tendre une embuscade.

Si vous choisissez de délivrer le temple de ses dangereux occupants, rendez-vous au **508**. Si cela ne vous intéresse pas, rendez-vous au **228**.

348

Le temps soudain se gâte et le ciel se couvre bientôt de nuages noirs, laissant présager une terrible tempête. Vous êtes loin de tout abri et l'orage se renforce. Le navire est secoué, roulé bord sur bord par le vent et la mer déchaînée. Des vagues énormes s'écrasent contre ses flancs et l'écume salée rejaillit sur le pont, emportant tout sur son passage. Vous manquez même d'être projetté par-dessus bord. Sous vos pieds, vous sentez le navire craquer de toutes ses membrures alors que le capitaine tente désespérément de faire amener les voiles. Trop tard ! L'un des marins tombe à la mer en hurlant horriblement et une rafale de vent déchire brutalement la voile. Si Poséidon est votre protecteur, rendez-vous au **338**, sinon, rendez-vous au **393**.

349

Le jour et la nuit suivante, un vent violent pousse le navire désemparé, sa charpente brisée, à travers l'océan. Trois rameurs ont disparu dans les tourbillons insondables et jamais ne reviendront. Vous vous en rendez à peine compte d'ailleurs car vous êtes trop malade pour monter sur le pont. Sans doute votre traversée aurait-elle été facilitée si vous aviez pu disposer des ailes d'Hermès le messager, pour aller en Crète. Finalement le navire, fort endommagé par le vent et le serpent, arrive à Cythnos où il va pouvoir être remis en état et s'approvisionner en eau potable. Vous montez sur le pont et on vous descend sur le quai par la passerelle. Une foule de curieux observe en silence cet étrange navire venu d'Athènes. Lorsque vous vous effondrez soudain contre une pile de paniers d'osier, une vieille femme s'approche et vous tend du raisin. Accompagnez-vous le capitaine autour de Cythnos (rendez-vous au **408**), l'explorez-vous seul de votre côté (rendez-vous au **432**) ou restez-vous sur le quai pendant que l'on répare le navire (rendez-vous au **611**) ?

350

Vous arrivez bientôt dans la salle royale. A l'extrémité d'une grande table est assis Egée lui-même, les nobles de part et d'autre. On vous offre une place d'honneur à proximité du roi et l'on vous y sert le meilleur repas que vous ayez pris depuis Trézène. Il y a de la viande de chevreuil, des canards en sauce et du sanglier en abondance, le vin coule à flots des énormes cratères, et sans cesse des serviteurs apportent de nouveaux pains chauds sortis des fours. Près de la porte, un brasier brûle encore des restes calcinés du festin offert à Athéna, la déesse protectrice de la cité, ses fumées odorantes s'échappant par un trou pratiqué dans le toit. Personne pourtant n'a encore pensé à remplir votre gobelet de ce vin sombre des vignobles de Chios. Continuez-vous à manger la viande en attendant (rendez-vous au **561**) ou remplissez-vous vous-même le gobelet au cratère (rendez-vous au **85**) ?

351

— Tu as bien passé notre épreuve, dit l'un des hommes. Le vin était drogué.

Disant cela, il offre votre gobelet à un mendiant aveugle qui s'empresse de boire avidement. Les hommes vous expliquent alors leur plan. Vous serez l'assassin. Vous pénétrerez dans le palais jusqu'à la chambre du roi par une porte laissée ouverte par un garde. Là, vous le tuerez dans son sommeil. Rendez-vous au **281**.

352

Dans une explosion de gloire lumineuse, l'archer des dieux apparaît devant vous.

— Althéos, je suis très flatté de ton choix. Prends soin de toi car beaucoup de dangers te guettent. Pour l'heure, je dois chasser avec ma sœur mais je te laisse mon pouvoir.

Il vous fixe droit dans les yeux et vous sentez le don de prophétie venir en vous. Puis le dieu s'évanouit aussi vite qu'il est venu. Vous partez ensuite pour Athènes dont votre père est roi. Maintenant, lorsque vous consulterez l'Oracle (en regardant 20 paragraphes plus loin), vous ne serez plus pénalisé. Rendez-vous au **2**.

353

Cette Amazone est de Force 7 et de Protection 13. Si vous mourez et êtes sauvé par Zeus, rendez-vous au **180**. Si vous battez en retraite, rendez-vous au **275**.

Si vous vous rendez, rendez-vous au **355**. Si vous la Blessez Grièvement, rendez-vous au **291**.

354

Les hommes vous disent de les laisser seuls ou ils vous tueront. L'un d'eux insulte même votre mère qui a enfanté un garçon si idiot. Les attaquez-vous pour venger l'affront (rendez-vous au **37**) ou quittez-vous simplement l'auberge (rendez-vous au **69**) ?

355

Comme un groupe d'athéniens s'approche, l'Amazone est trop pressée pour faire autre chose que de vous prendre votre arme avant de fuire elle-même. Vous êtes secouru par vos compagnons et vous repartez au combat. Rendez-vous au **102** choisir un autre adversaire.

356

Vous prenez l'urne et vous en versez l'eau sur le brasier. A travers l'épaisse fumée qui s'en élève, vous pouvez apprécier la joie de la foule à l'accomplissement réussi des rites éleusiens. Tous exultent et acclament la venue du printemps, victorieux du froid hiver. Rendez-vous au **300**.

357

Il ne faut pas chercher à pénétrer les desseins des dieux. Vous êtes pénalisé de 1 point de Honte. Rendez-vous au **142**.

358

Il fait beau et la mer est calme comme le faîte des arbres en été lorsque le vent est tombé. Aucun monstre surgi du royaume de Poséidon ne vous ayant importuné, vous atteignez le rivage de Mélos, l'île aux douceurs de miel, en deux jours seulement.

L'équipage débarque joyeusement et même ceux qui sont promis à la mort dans le labyrinthe semblent avoir retrouvé pour un temps la gaieté de leur jeunesse. Des troupeaux de vaches brunes paissent dans les prairies herbues de l'île, et des centaines d'oiseaux tournoient dans le ciel pur. Çà et là, vous apercevez des plants de vigne sauvage dont le chaud soleil mûrit doucement les raisins. En mangez-vous quelques grappes (rendez-vous au **586**), cherchez-vous du miel (rendez-vous au **276**) ou rejoignez-vous les autres marins pour capturer une des vaches (rendez-vous au **59**) ?

359

Vous invoquez Apollon pour qu'il châtie ces hommes qui profanent la plaine. S'il vous est Défavorable, retournez au **339**. Sinon, rendez-vous au **11**.

360

Apollon vous est maintenant Favorable. Vous interrogeant encore sur le destin de la créature d'Hadès, vous accompagnez les vieillards au bateau. Rendez-vous au **449**.

361

Vous plongez dans les vagues pour combattre le serpent. Une fois sous l'eau, vous vous rendez vite compte que le ventre mou du monstre est son point vulnérable (de Protection 6). C'est pour vous une cible facile. Pourtant, au moment de vous mettre en position de frapper, le serpent vous donne un grand coup de queue dans la poitrine et vous étourdit. Aussitôt la mer rougit autour de vous tandis qu'un nuage de sang obscurcit soudain votre vue. Vous tentez de récupérer vos esprits et de remonter rapidement à la surface mais, maintenant Blessé, vous êtes un peu handicapé. Rendez-vous au **322**.

362

Vous murmurez une prière à Zeus et vous réalisez soudain à votre grand étonnement que l'ours est parti ; il a sans doute cru que vous étiez mort. Vous restez allongé et immobile pendant près d'une heure de crainte que l'animal ne revienne. Enfin, tout danger apparemment écarté, vous revenez sur la route qui en rejoint une autre un peu plus loin. Rendez-vous au **13**.

363

La tempête qui fait rage sept jours et sept nuits durant vous écarte sensiblement de votre route. Le capitaine lutte sans trêve pour garder son navire à flot. Un jour, la figure de proue se brise et disparaît dans la mer déchaînée ; un autre jour, le coffre où étaient rangés précieusement les présents d'Egée au roi Minos — des statuettes de dieux recouvertes d'or et d'argent — est emporté par-dessus bord ; chaque jour connaît ainsi une catastrophe et seule la volonté de Zeus permet au navire de se maintenir sur les eaux écumantes alors que les créatures de Poséidon veulent l'engloutir en leur royaume. Bien piètre marin, vous restez tout ce temps blotti dans l'entrepont à tenter de retenir des deux mains la vie qui semble s'enfuir de votre corps à chaque mouvement du bateau. Vous aviez déjà presque oublié que même les mers ont des limites quand, enfin, vous entendez un marin annoncer qu'une terre est en vue : Cythère, l'île d'Aphrodite. Rendez-vous au **578**.

364

Quelques secondes s'écoulent puis votre père revient et, vous prenant le bras d'autorité, vous conduit à travers une grande pièce jusque dans un petit bureau uniquement meublé d'une chaise et d'une table sur laquelle se trouvent des rouleaux de parchemin, de l'encre et de quoi écrire. Vous êtes pénalisé d'1 point de Honte pour avoir désobéi à votre père. Rendez-vous au **155**.

365

Vous ne réussirez à maintenir ouverte la plaie de Talos, et à le vider progressivement de son ichor, le sang des dieux, qu'en tirant 4, 5 ou 6 avec un seul dé. Si vous acceptez de perdre 5 points d'Honneur avant de jeter le dé, ajoutez 1 au résultat. Si vous échouez, le géant vous attaque et vous retournez au **48**, mais si vous réussissez, rendez-vous au **540**.

366

Se rendant compte enfin que vous lui êtes supérieur au combat, elle saisit vos genoux en signe de soumission.

— Je suis Antiope, la reine des Amazones, dit-elle. Tu m'as vaincue et, par moi, mon peuple l'est aussi. Héra ne peut plus rien demander. Tu es un brave guerrier. Aussi, comme tu es le premier homme à avoir fait plier la reine des Amazones lors d'un combat, je veux t'en payer le prix. Il reste quelques Amazones en Crète, Althéos — car je connais ton nom et ta mission —, et Lembra les commande. Dis-lui ce que tu as fait et mentionne mon nom, elle t'aidera. Si vous tuez Antiope maintenant qu'elle vous a tout dit, rendez-vous au **454** ; en revanche, si vous la laissez partir, rendez-vous au **529**.

367

Ayant abandonné toutes vos armes et fier d'aller empêcher d'inutiles effusions de sang, vous pénétrez dans le camp ennemi. Mais, au moment où vous approchez des soldats rassemblés à la lumière des feux de camp, vous ressentez soudain un coup violent et une douleur atroce vous envahit : l'Amazone traîtresse arrache brutalement sa sarisse de votre dos. Vous perdez rapidement votre sang et vous allez mourir bientôt à moins que vous ne puissiez prier Zeus de vous soigner. S'il vous exauce, vous pourrez ramper jusqu'à Athènes sans être vu, et là, vous armer pour le combat. Rendez-vous au **102**.

368

Vous tâtonnez fébrilement dans l'obscurité comme un aveugle inquiet de retrouver son chemin dans les dédales d'une cité encore méconnue de lui. Soudain, vous heurtez de la main le sceau de cire d'un parchemin. Vous en explorez du bout des doigts les contours et vous reconnaissez alors le dessin particulier dont use votre père. Vous avez enfin retrouvé vos documents, que le capitaine avait sans doute déposés et oubliés là. Sans eux, votre mission en Crète aurait été compromise avant même d'avoir vraiment commencé. Grandement soulagé, bien que vous soyez pénalisé d'1 point de Honte pour votre indiscrétion, vous pouvez soit examiner l'autre table (rendez-vous au **614**), soit retourner directement au bateau (rendez-vous au **575**).

369

Les rats couinent de colère contre l'envahisseur de leur territoire. Ils vous attaquent en groupe, de 3 points de Force et 15 points de Protection. Si vous fuyez, rendez-vous au **490**. Si vous mourez et êtes sauvé par Zeus, rendez-vous au **51**. Si vous êtes vainqueur sans avoir été Blessé, vous gagnez 4 points d'Honneur et vous vous rendez au **213**. Si vous êtes vainqueur et Blessé, rendez-vous au **451**.

370

Le visage de votre père Egée ne peut sûrement pas vous effrayer. Vous êtes pénalisé de 1 point de Honte et vous perdez 1 point d'Honneur. Rendez-vous au **561**.

371

La créature monstrueuse semble ne vous vouloir aucun mal. Elle se contente de faire des cercles lentement autour du navire, plongeant parfois pour engloutir quelques gros poissons dans sa bouche gigantesque. Finalement, elle vous abandonne sans un regard et retourne dans la quelconque grotte qui lui sert de tanière. Rendez-vous au **349**.

372

Vous vous approchez de la table où sont assis les deux hommes. Ils vous regardent d'un air interrogateur, visiblement mécontent de votre interruption. Tirez-vous votre épée pour les attaquer (rendez-vous au **37**) ou essayez-vous de les persuader de ne pas tuer le roi de Thèbes (rendez-vous au **542**) ?

373

De sa haute demeure des pics enneigés de l'Olympe, la reine aux grands yeux vous souffle alors une réponse et vous comprenez soudain pourquoi les

Amazones ont entrepris de faire le siège d'Athènes : il y a quelques temps, une expédition d'Athéniens a volé aux Amazones un peigne d'or consacré à Héra. Responsable du bijou devant la déesse, la reine Antiope doit le retrouver pour venger son honneur bafoué. Il est urgent qu'Egée l'apprenne. Rendez-vous au **108**.

374

Les bandits vous dépouillent de vos armes et de votre cuirasse et vous poussent dans un champ, lié et baillonné. Vous êtes pénalisé de 1 point de Honte pour vous être rendu et vous être laissé traiter si ignominieusement. Rendez-vous au **536**.

375

Malgré la terrible douleur, elle n'abandonne pas le combat, mais elle ne peut plus vous toucher et vous la tuez au tour suivant. Rendez-vous au **527**.

376

Voyant que vous vous êtes rendu, l'Amazone exulte et crie sa victoire comme celui qui, ses désirs satisfaits, montre à tous sa joie rayonnante.

— Ainsi, jubile-t-elle, un Athénien plie-t-il devant Antiope, reine des Amazones !

Elle vous enlève toutes vos armes et vous conduit à la pointe de la lance vers un poteau en bois à proximité du camp. On vous lie les mains et vous êtes pénalisé de 1 point de Honte. Vous n'aurez plus aucun rôle sur le déroulement du combat, tout héros que vous soyez. Rendez-vous au **150**.

377

Vous avez été légèrement atteint par la peste et vous restez alité quelques jours dans un état fiévreux, la peau des mains et du dos marquée de croûtes sèches ; tout le monde vous évite par crainte de contagion. Vous perdez 2 points d'Honneur. Lorsque vous retrouvez la santé, Athéna, protectrice de la ville, vous apparaît en songe. Rendez-vous au **213**.

378

C'est maintenant le crépuscule : l'épisode avec la truie vous a retardé, si bien que, lorsque vous arrivez au port, le bateau pour Athènes est déjà reparti. Vous allez devoir poursuivre votre voyage à pied. Vous décidez de passer la nuit à Crommyon et vous vous trouvez bientôt une confortable auberge. Le lendemain matin, bien reposé et bien nourri, vous reprenez une fois de plus le chemin du palais de votre père. A la sortie de la ville, un panneau indique que vous pouvez prendre un petit chemin rocailleux qui passe à travers les collines jusqu'à Pagai (rendez-vous au **302**) ou la route côtière jusqu'à Mégaré (rendez-vous au **161**).

379

C'est une nuit de nouvelle lune si bien que le chemin est peu visible dans l'obscurité. Vous trébuchez souvent et vous tombez même une fois sur une pierre aiguë. Vous en profitez alors pour vous reposer un instant et vérifier que vos armes n'ont pas trop souffert de la chute. La brise nocturne fait frissonner les feuilles des arbres et vous distinguez parfois une chouette qui s'envole sans bruit vers sa proie, lui brisant habilement les reins d'un coup de bec. Au loin, les lumières du Pirée brillent comme des étoiles dans le ciel. Le silence est soudain rompu par les cris d'un homme qui demande grâce. Vous approchant prudemment, vous apercevez un petit homme aux prises avec de terribles créatures ailées dont les cheveux serpentaires sifflent sur les têtes et qui le menacent de torches et de fouets cinglants. Dans ses mains l'homme tient un cadeau parfumé de miel. A votre vue, il se met à hurler :

— Aidez-moi ! Les Furies me persécutent. Vous devez m'aider !

Tentez-vous d'éloigner les trois monstrueuses femmes et de chercher la raison de leur vindicte (rendez-vous au **231**) ou passez-vous rapidement votre chemin, heureux de ne pas être la cible de leurs exactions (rendez-vous au **473**) ?

380

La porte de l'auberge n'est pas fermée mais tout est sombre à l'intérieur. Vous distinguez à peine deux tables près de la porte sur lesquelles vous apercevez des documents. Sur l'une les parchemins sont clos alors que les autres ont déjà été ouverts. Regardez-vous d'abord ces derniers documents (rendez-vous au **106**) ou plutôt les parchemins scellés (rendez-vous au **368**) ?

381

Vous parvenez à enlever votre armure avant qu'elle ne vous entraîne au fond. Vous n'avez pas la possibilité de fuir mais vous êtes maintenant prêt à combattre ce monstre hideux qui s'attaque à un navire désarmé et en dévore l'équipage affolé. Bientôt ils seront vengés de la main même d'Althéos. Si vous mourez et êtes sauvé par Zeus, rendez-vous au **504**. Si vous Blessez Grièvement le serpent, rendez-vous au **498**.

382

Une énorme matrone qui surveillait la cuisson d'un chaudron fumant vous remarque soudain et appelle les gardes. En quelques secondes vous êtes entouré par six soldats de la suite royale, la pointe de leurs épées sur votre gorge. Il semble préférable de ne pas tenter de résister. Rendez-vous au **459**.

383

Vous remerciez cordialement Egée d'avoir accepté de partager le pain avec un étranger. Mais au moment de le saluer encore, vous trébuchez soudain et, voulant vous rattraper, vous heurtez du coude un gobelet de vin qui tombe avec fracas sur le sol. Au bruit, tous les invités cessent leur bavardage et vous fixent d'un air ironique. Rendez-vous au **170**.

384

Laissant Talos étendu sur les hauts-fonds où il est tombé, vous continuez votre route vers la Crète. Le soleil brille un peu moins fort maintenant, en partie caché par des nuages d'une étrange couleur verdâtre. Rendez-vous au **336**.

385

La reine vous laisse alors pour entrer dans la mêlée comme ferait une ourse inquiète pour ses petits. Quelque temps plus tard, les Amazones battent en retraite, laissant derrière elles de nombreux vestiges de leur campement - comme la mer après une tempête abandonne sur la grève épaves et débris -, et repartent vers leurs terres lointaines, leur devoir envers leur déesse rempli, et leurs obligations accomplies. Vous gagnez 6 points d'Honneur pour votre victoire et vous vous rendez au **283**.

386

Vous perdez entre 2 et 4 points d'Honneur pour l'aide d'Héra (jetez un dé, divisez le résultat par 2, arrondissez éventuellement et ajoutez 1). Si vous choisissez cette solution, rendez-vous au **373**. Si vous ne pouvez obtenir l'aide d'Héra ou si vous préférez ne pas le faire maintenant, vous perdez 1 point d'Honneur et vous vous rendez au **102**.

387

Vous vous précipitez vers le bateau, encore terrifié par le sinistre adversaire que vous avez affronté sans le vaincre. Thésée n'aurait sûrement pas agi de cette manière ni permis à un bandit pareil de ravager les pâtures de Trézène. Mais Thésée est mort... L'équipage se presse de charger le reste des provisions sous les yeux attristés des vieillards de Délos qui désespèrent maintenant de trouver le héros qui les délivrera du profanateur. Apollon vous est maintenant défavorable. S'il est votre protecteur, rendez-vous au **596**. Sinon, rendez-vous au **492**.

388

Vous passez à l'attaque. Les bandits ont chacun 4 points de Force et 10 points de Protection mais sont pourvus de jambières (Force 0, Protection 1) et armés de longs couteaux (Force 2, Protection 0), ce qui leur donne 6 points de Force et 11 points de Protection en tout (mais Force 7 pour le premier bandit). Ils combattent même s'ils sont Grièvement Blessés, poussés par la peur du dieu. Souvenez-vous que vous ne pouvez pas vous enfuir car le temple est cloturé. Si vous vous rendez, rendez-vous au **422**. Si vous êtes vainqueur, rendez-vous au **163**. Si vous mourez et êtes sauvé par Zeus, vous vous retrouvez alors au **536**.

389

La colère déforme alors les traits aimables de votre père et il rugit soudain :

— Allons, parle maintenant !
Conscient de l'inconfort de votre position, vous répondez la vérité en disant :
— Je suis Althéos, ton fils.
Rendez-vous au **546**.

390

Au mépris du danger, vous vous précipitez vers le forgeron en fermant les yeux à cause de la poussière. Lorsque vous les réouvrez, les chutes de pierres ont cessé et la falaise noire s'élève, à nouveau intacte, au-dessus de vous. Le boiteux se met à sourire et alors seulement tout s'éclaire : ce bonnet pointu, ce marteau dont il tapote sa grande barbe brune, cette façon de porter la tunique grise, l'épaule droite à nu, ne peuvent appartenir qu'à Héphaïstos.
— Je te remercie, dit-il d'une voix qui gronde comme un volcan. Tu as fait le bon choix et je veux t'en récompenser. Il se retourne et, entre les rochers, vous apercevez un bref instant une forge énorme dont les flammes brûlent comme le soleil, les soufflets ronflant comme de ces ouragans à briser navires et marins. Puis la scène disparaît et Héphaïstos revient en tenant dans ses bras un plastron de cuirasse, un bouclier et une épée qu'il vous tend sans un mot. De vos nouvelles armes semblent jaillir mille éclairs dorés comme sur les flots chatoient les rayons du soleil au zénith. Lorsque vous prenez ces cadeaux divins et merveilleux, le dieu déjà est reparti dans ses ateliers célestes. Ces armes de facture divine sont, quoique d'aspect banal, particulièrement puissantes. Normalement, le plastron et le bouclier donnent 4 points de Protection et l'épée 4 points de Force, mais lorsque vous combattrez des créatures divines ou créées par les dieux (reconnaissables à l'astérisque (*) placé devant leur Force), leur valeur

respective augmentent de 2 points. Héphaïstos vous est maintenant Favorable. Rendez-vous au **495**.

391

C'est vous qui vous occupez de la course. Le char bleu a le numéro 1, le char rouge le numéro 2, le jaune le numéro 3 et le char vert a le numéro 4. Jetez deux dés. Si le nombre tiré est entre 1 et 4, le char au numéro correspondant avance d'une case. La piste comporte dix cases ; le premier char qui a parcouru les dix cases est le vainqueur. Vous devez noter l'emplacement de chacun des chars en course. Si vous tirez 5, personne n'avance. Si vous tirez 6, tout le monde avance d'une case. Si vous tirez un double 6, lancez à nouveau un dé car il s'est produit un accident. Le chiffre tiré (entre 1 et 4) détermine le numéro du char accidenté, qui doit alors être retiré du jeu. Le chiffre 5 indique une collision sans gravité et le char concerné poursuit la course alors qu'un 6 signifie que tous les chars de la course sont hors d'état et que la course est finie. Notez que, si vous tirez un double 1, 2, 3 ou 4, le char concerné avancera de deux cases. Si deux chars arrivent ex æquo, ils doivent poursuivre jusqu'à ce qu'un seul des deux soit en tête et soit proclamé vainqueur. Si Poséidon est votre protecteur ou s'il vous est Favorable, rendez-vous au **44**. Si tous les chars sont accidentés, rendez-vous au **618**. Si le char sur lequel vous avez parié gagne, rendez-vous au **447**. Si le char sur lequel vous avez parié perd, rendez-vous au **427**.

392

La route traverse maintenant la forêt et il vous semble souvent apercevoir faunes et satyres dans les clairières proches. Pourtant, à chaque fois que vous y pénétrez, tout le monde a disparu. Vous poursuivez alors votre route qu'éclairent les blancs rayons de lune filtrés par les épaisseurs du feuillage. Un vent frais caresse votre visage et tout est étrangement silencieux. Soudain, un cerf blanc surgi des fourrés vous observe de ses grands yeux effrayés, un instant immobile, avant de disparaître dans la forêt de l'autre côté du chemin. Un peu plus loin, la route se divise. Vous pouvez aller à gauche (rendez-vous au **251**) ou à droite (rendez-vous au **13**).

393

Le navire est dressé violemment contre des récifs qui, émergeant à peine de la surface de l'eau, déchirent tout le flanc et la quille du navire. Les marins sont projetés sur les rochers, leurs cris vite étouffés par les vagues, leur sang répandu en d'horribles taches sombres sur la mer, avant de disparaître dans les profondeurs. D'autres se jettent à la mer sans attendre et luttent vaillamment contre le courant pour tenter de rejoindre la côte. La proue se brise, aussitôt emportée par la mer. Le capitaine hurle des paroles incohérentes et, pris de folie par la perte de son navire, se précipite dans les eaux bouillonnantes. Vous pouvez rester sur l'épave du navire en espérant être secouru (rendez-vous au **53**) ou vous pouvez sauter dans la mer et tenter de nager jusqu'à la grève (rendez-vous au **425**).

394

Un petit garçon se met à rire follement à votre passage alors que vous avancez dans la ville. Le ciel se couvre et il fait lourd. Soudain, l'orage éclate et la pluie se met à tomber, aussitôt absorbée par la poussière des rues. Quelques instants plus tard, le sentier devient boueux et les gens courent en tous sens se protéger des fortes pluies. Avant même d'avoir trouvé un endroit où vous abriter, vous êtes complètement trempé. L'orage gronde sourdement. Tout à coup, un éclair zèbre le ciel et la foudre tombe sur l'Acropole, baignant d'une lumière bleutée les colonnades et pilastres du temple, en même temps qu'un coup de tonnerre assourdissant semble faire exploser le ciel. Vous cherchez-vous un abri à proximité (rendez-vous au **94**) ou essayez-vous de trouver rapidement le palais (rendez-vous au **186**) ?

395

- Tu t'es bien fait mouiller, n'est-ce pas ? dit la femme en continuant de lisser ses cheveux. Malgré tout c'était une bonne idée. Allons, maintenant au revoir et sois mieux inspiré la prochaine fois, petit idiot.

Puis elle disparaît sur un dernier battement de cils et vous réalisez alors qu'il s'agissait d'Aphrodite, la déesse de la beauté. Rendez-vous au **608**.

396

Vous implorez votre dieu tutélaire pour qu'il vous aide à sortir de ce mauvais pas. Enfin, tous les muscles bandés par l'effort, vous parvenez à arracher le poteau et à briser vos chaînes. Vous avez pu vous libérer grâce aux dieux mais un peu trop tard pourtant car la bataille est presque terminée, laissant partout des dizaines de cadavres de valeureux guerriers comme des tours écroulées sous des coups de bélier. Retournez-vous vers la cité (rendez-vous au **510**) ou restez-vous pour combattre encore (rendez-vous au **597**) ?

397

Vous vous asseyez en silence, attendant patiemment la venue du taureau. Tout à coup, vous apercevez un peu plus loin une grande ombre menaçante. Utilisant vos connaissances acquises à la chasse ou en braconnant à Trézène pendant de longues années, vous parvenez à vous approcher du taureau par derrière sans qu'il vous remarque. Juste au moment où vous alliez frapper, l'animal sent votre odeur et se retourne brusquement, face au danger, vous menaçant de ses cornes effilées, aussi longues qu'une épée, son énorme gueule dégoulinant de bave, les naseaux fumants et ses petits yeux rouges comme les braises fixés méchamment sur vous. Si Aphrodite, Héra ou Apollon sont vos protecteurs, rendez-vous au **160**. Si Poséidon ou Athéna est votre protecteur, rendez-vous au **136**. Si Arès est votre protecteur et que vous désiriez son aide, rendez-vous au **488** ; sinon, rendez-vous au **136**. Si vous n'avez pas de protecteur, rendez-vous au **160**.

398

Vous vous précipitez sur les marches du temple. Les prêtres, qui ne s'attendaient pas du tout à cela, sont frappés de stupeur. Arrachant alors la jeune fille des mains du grand prêtre, vous allez repartir précipitamment du temple lorsque l'un des assistants s'interpose. Vous l'écartez brutalement d'un coup de poing et, ses accolytes encore trop surpris pour réagir, vous parvenez à disparaître dans la foule. Vous vous arrêtez enfin, à bout de souffle et vous examinez alors votre nouvelle compagne. Vous avez à peine le temps de penser qu'elle est plus belle qu'Aphrodite que la déesse elle-même surgit à vos côtés.

— Aucune comparaison, n'est-ce pas ? vous taquine-t-elle.

Vous secouez la tête en signe d'adoration.

— C'est très aimable à toi de m'avoir trouvé une

nouvelle servante ! poursuit-elle avec un petit rire. Puis Aphrodite disparaît dans l'Olympe, emmenant avec elle la jeune fille jusqu'à sa demeure aux somptueux tapis de soie. Aphrodite vous est maintenant Favorable mais, en revanche, Héra vous est Défavorable. Si Aphrodite est votre protectrice, rendez-vous au **133**. Sinon vous quittez Mégaré et continuez votre route vers Eleusis, déjouant toutes les tentatives faites pour vous capturer. Rendez-vous au **86**.

399

Ces trois créatures sont les Furies, Tisiphone, Alecto et Mégère, appelées également Erinyes. Ministres de la vengeance des dieux, elles parcourent la surface de la Terre pour tourmenter les mortels coupables de crimes odieux. Aider leur victime les offenserait mais l'abandonner serait un acte méprisable. Allez-vous secourir l'homme et attaquer ensuite ses infernales assaillantes (rendez-vous au **231**) ou préférez-vous ne pas offenser ces divinités du monde souterrain et repartir immédiatement vers le bateau (rendez-vous au **473**) ?

400

Vous gagnez 2 points d'Honneur. Rappelez-vous que toutes les blessures guérissent. Vous pouvez continuer votre chemin vers Epidaure. Rendez-vous au **277**.

401

L'aubergiste se jette à genoux en implorant vos remerciements. Mais, en voyant ce misérable pleurnicheur à vos pieds, plutôt que d'éprouver de la pitié, vous sentez monter votre colère contre cet homme qui vous a si honteusement traité. Le tuez-vous (rendez-vous au **290**) ou l'épargnez-vous et passez-vous la nuit à l'auberge (rendez-vous au **564**) ?

398 *Arrachant la jeune fille des mains du grand prêtre, vous allez fuir lorsque l'un des assistants s'interpose.*

402

Il serait préférable de ne pas résister. Vous êtes pénalisé de 1 point de Honte et vous vous rendez au **459**.

403

Vous êtes pénalisé de 2 points de Honte pour avoir tué des adversaires qui s'étaient rendus mais vous gagnez aussi 6 points d'Honneur pour les avoir vaincus. Rendez-vous au **347**.

404

Vous prenez une poignée de blé dans le bol et vous jetez les grains dans le brasier. S'en élève aussitôt une âcre fumée noire qui vous fait tousser et pleurer. Les yeux encore rouges de larmes, vous scrutez les visages pour voir la réaction de la foule. Immobiles, ils vous fixent en silence. Puis, de tous côtés montent des cris de colère : « Lapidez-le ! ». Tandis que fusent les premières pierres, certains fidèles se précipitent sur vous, arrachant votre cuirasse et jettant vos armes. La prêtresse s'avance alors pour calmer la populace.

— Arrêtez, crie-t-elle, le sang ne doit pas être répandu. Laissez partir cet homme et puisse la vengeance de Déméter le retrouver.

Vous n'avez plus ni armes ni cuirasse, vous êtes pénalisé de 3 points de Honte et Déméter vous est Défavorable. Vous quittez rapidement Eleusis avant que la foule ne s'en prenne encore à vous. Rendez-vous au **138**.

405

— Moi, ta protectrice, je vais t'emmener sur l'Acropole, pour que tu puisses admirer ma cité préférée. Souviens-toi aussi que tu dois présenter à ton père Egée le bijou de ta mère lorsqu'il te demandera ton nom.

Sur ces mots, la déesse disparaît et vous vous retrouvez sur l'Acropole, toute la ville à vos pieds. Rendez-vous au **49**.

406

Il fait sombre et très froid lorsque vous atteignez la rivière. Vos vêtements sont encore humides de votre traversée précédente et vous tremblez nerveusement. C'est alors que vous réalisez l'importance du bijou et, vous efforçant de vous contrôler, vous nagez vigoureusement vers le milieu du torrent. Au moment où vous commencez de perdre toute volonté et près d'abandonner, vous découvrez par miracle le bijou, coinçé entre deux cailloux. Revenu épuisé sur la rive, vous tombez dans un sommeil profond. Le lendemain matin, encore frigorifié mais reposé, vous pouvez poursuivre votre route vers Cléonai. Néanmoins, pour être revenu sur vos pas au cours de votre aventure et avoir perdu si facilement un objet important, vous êtes pénalisé d'un point de Honte. Rendez-vous au **3**.

407

Fuir devant de telles gens est indigne d'un héros. Courant à perdre haleine dans les rues, vous mélangeant à la foule pour échapper à vos poursuivants, vous vous demandez ce que votre frère Thésée aurait bien pu faire à votre place. En plus des points de pénalités pour vous être enfui, vous ajoutez 1 point supplémentaire de Honte. Rendez-vous au **230**.

408

Vous quittez rapidement le port où des ouvriers ont entrepris les réparations du bateau. Les jeunes Athéniens restent groupés et bavardent entre eux. Vous les laissez et, quelques minutes plus tard, vous découvrez le capitaine en train de discuter avec un

homme à l'extérieur de l'auberge. Il lui remet alors quelques papiers puis vous appelle aimablement :
— Venez donc prendre un verre avec moi.
Acceptez-vous (rendez-vous au **243**) ou, déclinant l'invitation, partez-vous en promenade (rendez-vous au **525**) ?

409

Lorsque le navire lève l'ancre et que vous ressortez de l'eau, vous voyez que l'autre bateau a été précipité sur les rochers et s'est ouvert en deux. Le corps de la femme gît inanimé sur la plage dont le sable se teinte lentement de rouge sang. Si Aphrodite est votre protectrice, rendez-vous au **278**. Sinon, rendez-vous au **35**.

410

Vous avez à peine fait quelques pas sur le sentier de droite que vous voyez un loup gris sortir des broussailles et se glisser furtivement vers vous. Si, en fin de compte, vous préférez prendre le sentier de gauche, rendez-vous au **499**. Si vous décidez de combattre le loup, rendez-vous au **208**.

411

Vous vous réveillez le lendemain juste à l'heure où l'aurore aux doigts de rose parcourt les cieux. L'attaque se produira vraisemblablement aujourd'hui. Une servante vous apporte un solide repas composé de viande et de lait de chèvre. Une fois restauré, vous descendez voir Egée. Il est déjà levé et vous le trouvez dans ses appartements, songeur, tenant dans ses mains ses propres armes et sa cuirasse.
— Voici, dit-il, tout ce que je possède encore. Je suis trop vieux désormais pour m'en servir. Va mainte-

nant et sauve notre cité de l'affreux péril qui la menace, et puissent les dieux être avec toi.

A ces mots, il vous tend une épée (Force 3, Protection 0), un petit bouclier (Force 0, Protection 2) et un plastron de cuirasse (Force 0, Protection 2). Vous pouvez utiliser ces armes si elles sont meilleures que celles que vous possédez déjà. Si on vous a dit la raison de l'attaque des amazones sur Athènes, rendez-vous au **548**. Si Héra est votre protectrice et que vous désiriez son aide, rendez-vous au **386**. Sinon, vous devez partir et rejoindre la mêlée. Rendez-vous au **102**.

412

Vous poursuivez le cerf à travers les buissons et vous vous fatiguez vite car l'animal, s'il vous laisse approcher, s'enfuit invariablement dès que vous êtes trop près. Épuisé, vous vous arrêtez pour récupérer. Rendez-vous au **111**.

413

Vous vous approchez du bœuf avec un air de défi mais très calmement. Brusquement, vous lui sautez sur le dos puis, saisissant fermement ses cornes à deux mains, vous attendez qu'il rue et essaie de vous jeter à terre pour vous transpercer de ses cornes, comme un chasseur achève sa proie de sa lance. Au contraire, il ne cherche même pas à vous désarçonner et se contente de vous regarder placidement de ses grands yeux bêtes. De fait, vous n'arrivez pas du tout à lui faire remuer un seul sabot ! Alors, à la grande joie des spectateurs, vous vous résignez à amener la charrue au bœuf. Un peu plus tard, très fier de vous car vous avez vaillamment accompli votre tâche, lorsque vous repartez, vous entendez la foule pousser des cris d'horreur : vous avez labouré le champ sacré d'Apollon ! Mystifié, et le dieu maintenant Défavorable à votre égard, vous poursuivez sur Delphes. Rendez-vous au **92**.

414

Le marchand qui vient de se faire voler s'approche de vous et dit :

— Je suis ravi de constater que l'honnêteté et le code de l'Honneur existent encore chez certains. Pour vous en remercier, je vais vous faire un cadeau.

Il vous tend un bouclier encore assez robuste malgré son ancienneté.

— C'est le mien, dit-il, mais je n'en ai plus besoin. Prenez-le : je m'en suis servi une fois, en Crète, bien que je doute que vous y soyez jamais allé. Tout ce que je vous demande c'est de ne pas le souiller et de vous souvenir de mon nom : Cyron.

Le bouclier est de Force –1 et de Protection 3. Vous poursuivez votre route, de Mégaré à Eleusis, la ville consacrée à Déméter. Rendez-vous au **86**.

415

L'aubergiste pâlit de terreur lorsqu'il vous voit massacrer les conspirateurs mais, avant même qu'il puisse agir, vous êtes sorti de l'auberge. Vous vous précipitez dans une rue latérale pour échapper à vos éventuels poursuivants mais personne ne vous suit. Vous attendez quelques minutes puis, sentant que le danger est passé, vous retournez sur la route principale. Allez-vous au palais pour prévenir le roi (rendez-vous au **313**) ou quittez-vous Thèbes aussi vite que vous le pouvez (rendez-vous au **134**) ?

416

Vous parvenez finalement au temple lui-même. Debout en haut des larges marches de marbre blanc, la prêtresse de la grande déesse psalmodie et chante les prières rituelles. La foule passive, attentive au sens souvent mystérieux de chaque mot, reste étrangement silencieuse comme dans l'attente de quelque grand événement. Puis la grande prêtresse descend parmi la foule, touchant l'un ou l'autre, frôlant les pélerins de sa robe jaune sans jamais sembler pleinement satisfaite. Ses mouvements deviennent plus saccadés, elle est comme en transe divine lorsqu'elle parvient à votre hauteur. Vous prenant par le bras, elle vous conduit alors sur l'aire sacrée du temple. Rendez-vous au **248**.

417

Fatigué et mouillé, vous vous traînez sur la route de Cléonai. La nuit commence à tomber et vous sentez la faim vous tenailler à la perspective d'y trouver une auberge. Il est vrai que vous n'avez pas mangé depuis un jour entier ! Parvenu à destination, vous demandez à l'hôtel un repas et une chambre pour la nuit. Un homme à barbe grise, une lanterne à la main, vous répond sans aménité, vous envoyant au diable et vous claquant même la porte au nez. Faite de solides planches de pins, de ceux que l'on trouve dans les environs du Mont Parnasse, vous savez que vous ne pourrez pas l'enfoncer. Vous cherchez alors un peu de monnaie dans votre poche pour amadouer l'aubergiste et vous réalisez alors que vous n'avez plus le bijou. Vous avez dû le perdre dans la rivière ! Vous pouvez frapper à nouveau et offrir le double du prix normal (rendez-vous au **285**), vous pouvez revenir à la rivière pour chercher le bijou (rendez-vous au **406**) ou passer la nuit dans la rue (rendez-vous au **23**) ?

418

« Un cadeau, un cadeau ! » crie le sauvage avec une joie démente, en continuant d'épouiller sa barbe.

Vous apercevant alors que vous avez presque tout laissé sur le bateau, vous ne pouvez lui offrir qu'un peu de nourriture (rendez-vous au **340**), une pièce de cuirasse (rendez-vous au **479**) ou une arme (rendez-vous au **292**). Vous pouvez aussi ne rien lui donner (rendez-vous au **253**).

419

Vous êtes pénalisé de 1 point de Honte et vous perdez un point d'Honneur. Revenez au **399**.

420

Vous pouvez dépouiller le loup. D'en porter la peau vous donne 2 points de Protection et elle est suffisamment impressionnante pour vous donner 1 point d'Honneur. Rendez-vous au **277**.

421

Honte sur vous, Althéos ! Pour avoir lu ce paragraphe auquel vous n'avez pas été envoyé, vous êtes pénalisé de 15 points de Honte. Retournez d'où vous venez.

422

Vos noirs ennemis ne semblent pas vouloir vous épargner. Vos armes jettées et piétinées, ils vous attirent vers la fontaine sanglante. Avec un sursaut de répulsion, vous comprenez soudain qu'ils veulent vous noyer dans cet atroce bouillon. Tentez-vous de vous échapper (rendez-vous au **114**), vous laissez-vous jeter dans la fontaine (rendez-vous au **537**) ou implorez-vous l'aide de votre protecteur (rendez-vous au **250**) ?

423

Heureux de ne pas passer une misérable nuit seul au lit, vous vous dirigez vers les murs qui forment le

422 *Après avoir piétiné vos armes, vos noirs ennemis vous attirent vers la fontaine sanglante.*

périmètre du champ de course. Lorsque vous arrivez, la foule commence à apercevoir les premiers coureurs, le char rouge et le vert roulant côte à côte dans un bruit de tonnerre, cherchant à se placer dans la meilleure position avant d'atteindre la bannière d'arrivée fichée dans le mur. Soudain le char vert coupe sans prévenir la route au char rouge qui, obligé de faire un écart, heurte une grosse pierre. Son char déséquilibré vacille et, malgré les vains efforts désespérés de l'aurige pour le redresser, il se retourne. Son conducteur est traîné sur plusieurs coudées, les jambes emmêlées dans les rênes, son cheval emballé fonçant au milieu des spectateurs. Plusieurs personnes se font piétiner mais l'un des conducteurs qui ne participe pas à cette course parvient à s'en rendre maître. L'aurige du char rouge est blessé et une petite foule l'entoure déjà. Au moment où vous vous approchez, vous l'entendez hurler de douleur. On l'emporte rapidement dans une auberge proche où il est allongé sur une table. L'aubergiste tente de le faire parler mais, pour l'instant, la seule chose qui l'intéresse est de savoir qui va prendre sa place dans l'équipe. Il offre la possibilité de mener son char de rechange à celui qui aura parié sur le vainqueur de la prochaine course. Trois jeunes gens s'empressent aussitôt de miser une somme importante. Vous approchez-vous pour miser, parier également dans la prochaine course pour pouvoir participer à la course (rendez-vous au **207**) ou vous contentez-vous de la suivre en spectateur (rendez-vous au **9**) ?

424

Le vent souffle en tempête et le navire roule bord sur bord. Les mâts, qui ont eu leurs voiles noires arrachées et jetées à la mer, se brisent à leur tour comme des palissades abattues par un sanglier à la gueule écumante. Le bateau est assailli par les vagues et tous à bord ont peur pour leur vie. Vous pouvez sacrifier 2 points d'Honneur à Poséidon (rendez-vous au **619**) ou faire confiance à vos qualités de navigateur (rendez-vous au **33**).

425

Vous jetez un dernier regard sur le pont dévasté avant de plonger dans la mer écumante. L'eau glacée vous coupe le souffle lorsqu'une vague énorme vous submerge. En vous débattant à la surface, vous apercevez les meilleurs nageurs approcher de la côte. Soudain, un fort craquement éclate à vos oreilles et, derrière vous, le navire rompu sombre doucement dans l'océan. Votre tunique trempée gêne vos mouvements et vous vous épuisez vite à nager contre le courant. Vous sentez que vous n'aurez pas la force d'aller bien loin, le froid paralysant vos membres et, encore loin de la côte salvatrice, vous perdez lentement connaissance. Rendez-vous au **247**.

426

Beaucoup de monde passe près de vous sans que personne ne semble vous remarquer. Un vieil homme, assis sur une grande pierre plate, regarde tous ces gens d'un air découragé comme s'il se souvenait de temps meilleurs. Un jeune homme, vêtu d'une riche tunique pourpre brodée d'or, signe de la noblesse de ses origines, s'approche lentement. Arrêtez-vous l'aristocrate pour lui demander le chemin du palais (rendez-vous au **514**) ou vous approchez-vous du vieil homme (rendez-vous au **104**) ?

427

Très déçu, vous retournez voir l'aurige blessé. Il est déjà en train d'apprendre au noble qui a gagné son pari comment conduire le char. Malgré ces conseils, celui-ci s'empresse de fouetter brutalement le cheval qui réagit alors violemment et s'emballe, juste devant vous. Vous parvenez à maîtriser l'animal alors que, dans le char, l'homme, le visage décomposé par la peur, décide d'abandonner la course. On vous offre immédiatement la possibilité de conduire le char rouge. Vous acceptez avec joie. Rendez-vous au **169**.

428

Vous vous apercevez avec horreur que, parmi les papiers, se trouvent les documents destinés à Minos. Vous vous précipitez pour arrêter l'aubergiste et lui expliquer la méprise. Il sourit et vous les remet. Vous pensez préférable de retourner au bateau avant que les barbillons des esprits malicieux de Cythos ne vous blessent encore. Rendez-vous au **575**.

429

Plein de gratitude de les avoir épargnés, les deux hommes commencent leur histoire.

— Tu dois nous croire lorsqu'on te dit que le roi de Thèbes sera assassiné cette nuit. L'un des gardes du palais a été soudoyé pour laisser ouverte une des portes de la cour qui mène aux escaliers. De là, le tueur montera à la chambre du roi et le tuera pendant son sommeil. Préviens le roi si tu veux et si tu ne nous dénonces pas, le tout-puissant Zeus te sera Favorable pour le restant de tes jours.

Laissez-vous partir ces hommes (rendez-vous au **518**) ou les tuez-vous, maintenant qu'ils vous ont dit ce que vous vouliez savoir (rendez-vous au **184**) ?

430

Vous courez le long de la grève et, au moment où vous vous retournez, vous constatez que le vieil homme n'a pas bougé de l'endroit où vous l'aviez laissé et n'a pas non plus cessé son interminable murmure. Tout à coup, vous sentez votre tête bourdonner et vous vous trouvez mal. Lorsqu'enfin vous arrivez à proximité du navire, vous vous laissez tomber par terre pour vous reposer. Rendez-vous au **583**.

431

Vous tombez à genoux et vous enserrez les jambes de votre adversaire. La femme renverse alors la tête en riant.

— Sache, étranger, dit-elle, que tu t'es rendu à Hippia. Sache aussi que la guerre entre nos deux peuples est pour demain.

Sur ces mots, elle vous retire votre meilleure pièce de cuirasse et votre meilleure arme et vous laisse finalement repartir. N'oubliez pas d'enlever votre point de Honte de pénalité pour vous être rendu et rendez-vous au **320**.

432

Cythos est une île agréable — pas si agréable sans doute que l'île de Salamine dans le beau pays d'Attique —, mais les maisons y sont bien construites et les habitants ont l'air heureux et bons vivants, jusqu'aux chiens eux-mêmes qui paraissent bien traités et joyeux. On vous offre de la nourriture en abondance, et vous passez la journée à vous régaler de fruits et de boissons rafraîchissantes. Ce n'est qu'à la nuit, lorsque les ténèbres étendent leur royaume tout autour de la Terre, et que vous courez le danger de vous perdre dans les ruelles sombres et les méandres de l'île, que vous revenez au port. Vous gagnez 1 point d'honneur pour vous être si bien reposé et vous vous rendez au **279**.

433

Vous êtes jeté dans la grange où vous cognez douloureusement de la tête contre le sol de pierre. Saignant abondamment, vous perdez connaissance. Un peu plus tard, vous êtes durement secoué et vous reconnaissez les deux hommes de l'auberge auxquels vous aviez épargné la vie.

— Seuls les imbéciles épargnent leurs ennemis et nous ne commettrons pas cette erreur. Le roi est mort et tu subiras le même sort avant peu. Apprends que nous t'avons suivi et, lorsque nous avons vu que tu te rendais au palais, nous avons compris que tu nous trahissais. Nous avons alors changé nos plans et exécuté le roi par surprise.

Sur ces mots, l'un des hommes tire une grande épée recourbée et vous l'enfonce profondément dans la poitrine. Vous avez à peine le temps de prier Zeus que votre esprit s'élève déjà vers les champs élyséens. Si vous priez le dieu, il vous ressuscitera et vous vous retrouverez au paragraphe **134**.

434

La légende d'Héraklès est émouvante et vous êtes inspiré par l'exemple de ce héros précédent. Le barde raconte comment Héraklès le Vaillant abattit l'Hydre aux multiples têtes. Puis il change d'histoire et chante maintenant comment Dédale et son fils Icare ont construit le grand labyrinthe de Crète, puis comment, emprisonnés par le roi Minos, ils se sont échappés de Crète en volant, des ailes de plumes collées à la cire fixées sur les bras, et la façon dont Icare périt de s'être trop approché du soleil, la cire ayant fondue à la chaleur. Au bout d'un moment, fatigué, vous vous résolvez à repartir une fois de plus au palais (rendez-vous au **137**).

435

Vous portez précautionneusement le cratère à vos lèvres et vous en buvez une petite gorgée puis vous le reposez sur la table. Mais la foule attend apparemment autre chose. Vous retournez au **58** pour choisir une autre action.

436

Vous libérant de l'emprise de la prêtresse, vous refusez de participer à la cérémonie en expliquant que vous êtes étranger. La foule s'écarte alors soudain comme si vous étiez contagieux. Vous quittez rapidement la cité, accompagné de cris et d'insultes. Vous êtes pénalisé de 1 point de Honte et Déméter vous est maintenant Défavorable. Rendez-vous au **138**.

437

Si l'aubergiste ne vous laisse pas entrer c'est vraisemblablement parce que vos vêtements sont encore mouillés de votre bain dans la rivière. Vous pouvez aller vous sécher et revenir plus tard sans repasser par la rivière (rendez-vous au **266**), retourner à la rivière pour y chercher le bijou (rendez-vous au **406**) ou vous insistez pour passer quand même la nuit à l'auberge (rendez-vous au **564**).

438

Le lâche tombe à vos pieds en demandant grâce. Vous lui assénez un fort coup de pied qui l'envoit heurter de la tête l'un des montants de bois de l'étalage. Encore tout étourdi, les gardes du marché l'emmènent, très reconnaissants de votre intervention. Vous gagnez 2 points d'Honneur et vous vous rendez au **414**.

439

Les Furies, dit-on, peuvent être apaisées par des offrandes de miel, de gâteaux et de lait. Vous réalisez alors que vous avez emporté tout cela avec vous pour manger en chemin, d'Athènes au bateau qui doit vous amener en Crète. Attaquez-vous les trois divinités (rendez-vous au **231**) ou préférez-vous leur donner vos provisions en guise d'offrande (rendez-vous au **303**) ?

440

Vous êtes au cœur de la cité. Le palais doit certainement se trouver quelque part à proximité. Tournant au coin d'une rue, vous tombez tout à coup sur un petit groupe de badauds qui entourent des hommes au visage maquillé de blanc. Vous en approchant, vous comprenez aussitôt qu'ils miment une quelconque légende. Quelques-uns font semblant de manger pendant que d'autres boivent un vin imaginaire. D'abord, vous n'arrivez pas à deviner ce dont il s'agit puis, soudain, tout s'éclaire : ils représentent la mort de votre frère Thésée dans le labyrinthe. Un homme grimpé sur le dos d'un autre fait le Minotaure ; un autre est Thésée, se déplaçant avec d'extraordinaires précautions dans le labyrinthe, s'arrêtant de temps en temps pour se reposer contre le mur. Lorsqu'il se penche pour prendre quelque chose sur le sol, le Minotaure l'attaque brusquement

440 *Des hommes au visage maquillé de blanc miment la mort de Thésée dans le labyrinthe.*

par derrière. Thésée pousse un cri d'agonie et tombe, inanimé. Les protagonistes restent figés un instant puis les deux acteurs du Minotaure se séparent sur une pirouette et Thésée rebondit sur ses pieds. Alors seulement, vous réalisez brusquement que personne ne peut savoir comment est mort votre frère ! Vous vous retournez pour examiner les acteurs mais tous ont déjà disparu, sauf un dont le visage ressemble fort à celui d'Hermès, le messager des dieux. Il vous adresse un sourire énigmatique et s'en va. Rendez-vous au **592**.

441

Après tous ces efforts de la journée, vous vous sentez un peu fatigué, et vos jambes, pourtant jeunes encore, parviennent à peine à vous porter. Vous chancelez et vous tombez par terre. Un homme s'approche de vous et, vous plaçant un gobelet entre les lèvres, vous force à avaler un peu de frais vin noir. Puis des serviteurs d'Egée vous transportent dans votre chambre où vous vous reposez quelque temps d'un sommeil agité, peuplé de rêves de bataille et de sang pendant que les festivités et les libations de victoire se poursuivent. Au bout de quelque temps, vous avez récupéré et vous vous sentez capable d'agir à nouveau. Restez-vous passer la nuit, prêt à partir le lendemain matin (rendez-vous aux **476**) ou, pensant que vous ne pouvez attendre plus longtemps, partez-vous immédiatement, sans dire au revoir à personne, vers le Pirée, le port d'Athènes où un navire vous attend, emportant dans ses flancs le tribut humain destiné à Minos (rendez-vous au **379**) ?

442

Si Apollon est votre protecteur, rendez-vous au **299**. Sinon rendez-vous au **18**.

443

Vous jetez vos armes et levez les bras en signe de paix. En vain ! Un gros rocher s'écrase sur le navire, le brisant entièrement, et vous précipite à la mer, vidé de votre sang et déjà inanimé. Votre périple est terminé : l'éternité commence.

444

Avant que vous ne puissiez porter votre coup honteux, accomplissant un misérable meurtre, le visage de la vieille sorcière se transforme soudain. Elle n'est plus une mortelle mais la fière Héra, reine des dieux. Vous essayez de vous agenouiller sans y parvenir, paralysé par sa divine colère comme le cerf s'immobilise devant le lion affamé sans pouvoir échapper à son destin.

— Tu me déçois beaucoup, Althéos, dit-elle. J'avais toujours pensé que tu faisais partie des plus grands héros... Maintenant, ne cherche plus à obtenir mon aide car ce serait inutile. Puis, sur ces mots, elle disparaît. Vous êtes pénalisé de 3 points de Honte. Si Héra est votre protectrice, elle ne vous aidera pas (bien que vous puissiez toujours rentrer dans sa Faveur comme si elle n'était pas votre protectrice — vous perdez simplement le bénéfice de cette Protection et êtes considéré comme n'ayant plus de protecteur), sinon elle vous est maintenant Défavorable. Rendez-vous au **294**.

445

— Je suis un envoyé du grand roi Egée, hurlez-vous, alors laissez vos armes puissantes et conduisez-moi à votre reine. J'apporte avec moi l'objet consacré à Héra, l'unique sujet de nos querelles.

Puis, pour prouver votre bonne foi, vous défaites le peigne d'or de votre ceinture et vous le portez en évidence devant vous. La lune illumine la clairière de ses blancs rayons, un bref éclair se reflétant sur le peigne. L'Amazone salue, baisse sa lance et vous fait signe de l'accompagner. Vous arrivez bientôt au milieu du campement ; votre guide s'arrête devant l'une des tentes et vous fait signe d'entrer. Rendez-vous au **8**.

446

— Debout ! hurle une voix, vous tirant brusquement du sommeil, imbécile d'être venu à Epidaure !
Vos yeux s'agrandissent pour s'accoutumer à l'obscurité. Maintenant complètement réveillé, vous distinguez deux hommes robustes, entrés subrepticement dans votre chambre, debout devant vous. L'un d'eux vous saisit le bras et vous fait lever de force.
— Pars maintenant, dit-il, et nous ne te tuerons pas. Nous ne voulons aucun mal aux étrangers, nous n'en avons qu'à cette maudite Epidaure et à son dieu Asclépios.
Acceptez-vous leur offre et partez-vous immédiatement (rendez-vous au **6**) ou les attaquez-vous avant qu'ils ne puissent saisir votre autre bras (rendez-vous au **333**) ?

447

Vous demandez le montant de votre mise, et l'aurige vous la rend sans problème.
— Bonne chance pour la course, dit-il. Rendez-vous au **169**.

448

Le serpent de mer a 16 points de Force et 10 points de Protection. Si vous l'attaquez, rendez-vous au **533**. Si vous attendez en souhaitant que ce monstre soit une créature de Poséidon et ne vous fasse aucun mal, rendez-vous au **371**.

449

Les vieillards vous remercient abondamment pour l'aide que vous leur avez apportée en héros, pour les avoir délivrés de la mort et de la peur et aussi pour leur avoir rendu leur fierté et leur relique sacrée. En témoignage de leur reconnaissance, ils chargent votre navire de provisions et vous offrent un cadeau, soit une broche en onyx sur laquelle est gravée le visage d'un vieil homme, soit un sac de cuir qui contient une baguette de bois. Prenez-vous la broche (rendez-vous au **593**) ou le sac (rendez-vous au **95**) ?

450

Votre prière est vaine. Les conspirateurs en habits noirs jettent votre épée au loin et plongent aussitôt tous ensemble leurs dagues dans votre ventre. Vous luttez quelque temps mais vous mourez bientôt dans de terribles souffrances. Si vous pouvez prier Zeus et être sauvé, vous vous retrouverez au **134**.

451

Les rats sont porteurs de la peste. Vous avez maintenant attrapé cette terrible maladie en vous faisant mordre. Si Asclépios est Neutre à votre égard, rendez-vous au **377** ; s'il vous est Défavorable, rendez-vous au **98**.

452

Eole, maître des vents et du temps, ne vous est pas très Favorable et la navigation vers Délos en est rendue plus délicate, le navire voguant sur l'océan comme une charrue laboure un sol rocailleux. Mais enfin vous parvenez en vue de l'île de Délos, ses hautes falaises brillant étrangement au soleil de l'aube. Les marins se préparent à l'accostage, leurs longs cheveux volant à la brise. Vous êtes salué dès votre arrivée par le chef de l'île qui vous supplie de les aider car un odieux personnage a élu domicile dans le temple d'Apollon et ne veut plus en partir. L'homme, à la longue barbe blanche et vêtu d'une robe verte, insiste grandement sur cette profanation et vous implore d'un air pathétique. Etes-vous d'accord pour l'aider et attaquer l'homme (rendez-vous au **465**) ou vous sentez-vous trop fatigué par le voyage pour risquer un combat avant la Crète (rendez-vous au **296**) ?

453

Lorsque vous émergez de l'eau, horrifié, vous apercevez à quelques brasses devant vous le serpent de mer, iridescent aux rayons du soleil. Il tourne soudain la tête et vous aperçoit. Vous n'avez plus d'espoir : il se précipite sur vous, claque de la mâchoire et votre sang colore aussitôt la mer, royaume de Poséidon. Zeus lui-même ne peut rien pour vous aider.

454

Vous êtes pénalisé de 2 points de Honte mais vous gagnez 4 points d'Honneur pour la victoire et vous vous rendez au **218**.

455

Vous marchez sur la plage, perdu dans vos pensées, les souvenirs de votre enfance et de la maison de votre mère à Trézène... Tout cela vous semble bien lointain déjà, alors qu'en fait vous n'êtes parti que depuis une semaine. Vous êtes seul et vous n'entendez aucun bruit, sans doute à cause du vent froid qui emporte les oiseaux à l'intérieur des terres. Au loin en mer, vous apercevez un navire lutter dans la forte houle. Vos songes sont soudain interrompus par un

455 *Un cheval noir d'encre à la crinière dorée émerge de l'eau et galope vers vous en hennissant.*

cheval noir d'encre à la crinière dorée qui émerge de l'eau et galope aussitôt vers vous en hennissant, ses sabots s'imprimant légèrement sur le sable mouillé. Attaquez-vous le cheval (rendez-vous au **541**), tentez-vous de le capturer (rendez-vous au **67**) ou l'évitez-vous tout simplement (rendez-vous au **196**) ?

456

Il fait déjà nuit lorsque vous atteignez Athènes mais vous n'avez aucunement peur en passant par les ruelles obscures. Vous vous rendez directement au palais où les gardes s'empressent autour de vous, complètement fascinés. Vous entrez dans la salle des fêtes où tous sont assemblés en attendant de voir si vous reviendrez. En vous apercevant, ils s'exclament avec stupeur et joie comme cet homme qui, ayant envoyé son fils se battre et sachant qu'il peut ne pas en revenir, se réjouit de son retour, maintenant un peu honteux. C'est ainsi qu'Egée vous salue, avec une joie teintée d'embarras. C'est seulement en voyant votre trophée que son visage s'éclaire. Il prend la corne du taureau, vous regarde tendrement et dit :

— Bienvenue dans ma maison, Althéos, car tu es vraiment mon fils !

Rendez-vous au **50**.

457

Vous tombez à genoux en demandant grâce. Les gardes vous sourient avec mépris puis, aidés de leurs compagnons venus en renfort — deux derrière vous et deux de l'autre côté de la cuisine —, ils vous dépouillent de toutes vos armes et pièces de cuirasse. Jetant un dernier regard sur les serviteurs silencieux qui vont et viennent avec leurs pots et leurs chaudrons de bronze, signes manifestes que quelque grand festin se prépare, vous êtes emmené au palais par les soldats. Rendez-vous au **459**.

458

La statue sur l'autel a disparu, Hécate au sinistre visage se tient devant vous en personne. D'un geste souverain, elle stoppe l'attaque de la bête infernale.

— Ne crois pas, Althéos, dit-elle, que tu as échappé à mon courroux. Si les dieux de l'Olympe ont aujourd'hui arrêté ma main, la prochaine fois le Sort ne te souriera pas de la même manière.

La pièce semble tourbillonner autour de vous, Hécate disparaît et vous êtes englouti par les ténèbres. Rendez-vous au **337**.

459

On vous pousse le long d'un couloir malgré vos protestations d'innocence et de votre identité réelle.

— Ainsi, maintenant tu serais le fils du roi, n'est-ce pas ? se moque l'un des gardes en vous jettant dans une minuscule cellule, sombre et nue. Comment un homme peut-il être fait prisonnier dans la maison de son père alors qu'il devrait faire partie des hôtes de marque ?

Rendez-vous au **185**.

460

Les gardiens du marché, de robustes hommes vêtus de bleu et armés de lourds bâtons, vous saisissent par derrière. Avant que vous ayez le temps de réagir, vous êtes emmené au milieu de la place pour être fouetté publiquement. Amené à la limite de ce que vous pouvez supporter au point de souhaiter presque être déjà mort, vous demandez grâce mais aucune grâce ne vous est accordée. Puis enfin les coups cessent et, le dos profondément zébré et sanguinolent, on vous expulse de Mégaré. Vous êtes pénalisé de 3 points de Honte et vous vous estimez heureux de ne pas être citoyen de la ville car alors vous auriez été condamné à mort. Rendez-vous au **86**.

461

Votre lassitude a brouillé votre esprit. Il n'y a pas à avoir peur. Vous perdez 1 point d'Honneur et vous vous rendez au **441**.

462

Les deux bandits ont chacun 4 points de Force et 10 points de Protection mais ils portent de longs couteaux (Force 2, Protection 0). Pensez à ajouter le point supplémentaire (en raison de la présence de son compagnon) aux points de Force du premier bandit (sa Force est donc de 7 points : 4 + 2 + 1). S'ils sont Grièvement Blessés, rendez-vous au **600**. Si vous vous rendez, rendez-vous au **374**. Si vous mourez et êtes sauvé par Zeus, ou si vous fuyez, rendez-vous au **536**.

463

Hélas ! Zeus ne sauve pas ceux dont le crime est d'avoir attaqué les Furies, les messagères de la justice divine. Votre esprit abandonne votre corps et vous ne partez pas vers les Champs Elyséens mais sans doute vers le royaume du redoutable Tartare.

464

Comme la flèche peut toucher par hasard un homme dans les profondeurs de la forêt, ainsi votre harpon atteint-il quelque chose sous l'eau car une large tache jaunâtre s'étend sur la mer. Talos gronde, grince et craque, puis il chancelle dangereusement et tombe dans un grand fracas. Vous pouvez voir dans ses yeux une lueur d'étrange et inhumaine intelligence. Talos ne semble pourtant pas être mort. Sans doute seul un immortel pourrait-il l'achever. Vous gagnez néanmoins 8 points d'Honneur et vous vous rendez au **384**.

465

En vous conduisant vers l'endroit où Apollon a son sanctuaire, cadeau de Poséidon en échange de Calauria, vous passez devant les grands monuments de marbre qui font la fierté de la petite île. Arrivé devant le temple, vous voyez un homme en robe noire, portant une cuirasse sombre et un glaive noir également, comme issu de la nuit, lame céleste forgée dans les cieux et qui aurait brûlé en descendant vers Délos. L'homme vous apostrophe d'une voix rauque :

— Etranger, combats ou meurs !

Vous devez combattre. L'homme a 7 points de Force et 13 points de Protection (y compris le glaive de Force 2, les jambières de Protection 1, le plastron de Protection 3). Pour ce combat seulement, vous enlevez 2 points à votre Force du fait de votre mal de mer. Si vous vous rendez, rendez-vous au **121**. Si vous mourez et êtes sauvé par Zeus, rendez-vous au **570**. Si vous fuyez, rendez-vous au **387**. Si vous Blessez Grièvement votre adversaire, rendez-vous au **519**.

466

La montée est difficile et vous souffrez de tous vos membres endoloris. Vous passez devant les dépendances du temple, sans même penser, dans votre impatience, à écouter les paroles du dieu. Le sanctuaire de marbre blanc est impressionnant ; les pèlerins assemblés devant les degrés du temple, comme des abeilles autour d'un pot de miel, sont inconscients du danger qui les menace à proximité. Vous montez les marches, vous faufilant dans la foule, et vous entrez dans le temple en passant sous les hautes portes ornées de pierres précieuses figurant les actes des dieux. Vous laissez vos armes à l'extérieur et vous entrez. Rendez-vous au **297**.

467

L'une des nymphes vous aperçoit et appelle ses compagnons. Un satyre vous fait signe d'approcher et les nymphes vous entraînent bientôt dans la danse. Vous tentez de résister mais en vain. Rendez-vous au **10**.

468

Vous priez votre protecteur Poséidon, perdant 2 points d'Honneur et vous vous rendez au **599**. En revanche, si vous ne pouvez pas le faire, rendez-vous au **448**.

469

La dernière goutte d'ichor s'écoule, et Talos n'est rien de plus qu'une grande outre vide, corps métallique inanimé. Il titube et s'écrase enfin, grotesquement rigide. Pourtant, lorsque vous faites approcher le navire pour mieux observer ce phénomène crétois, il vous semble discerner une lueur de vie dans ses profonds yeux jaunes. Sans doute ne peut-il être véritablement tué que sur ordre de Zeus. Rendez-vous au **384**.

470

Le marché est grand, plus grand que celui de Corinthe, ce qui vous surprend. Cela est peut-être dû à l'Héraia, fêtes données en l'honneur de la déesse. Il y circule des rumeurs selon lesquelles le temple a été

469 *Talos titube et s'écrase enfin, grotesquement, rigide.*

profané et que certains devront le payer de leur vie. En vous promenant, vous voyez que la plupart des marchands sont venus de presque toute la Grèce — Arcadie, Acarnanie, Béotie, Attique, même de la lointaine Thèssalie ou dc la montagneuse Epire — pour vendre leurs produits. Et puis aussi, vous remarquez que le marché est de plus en plus fréquenté par des bandes de personnages peu recommandables. Vous suivez quelque temps le manège de quelques-uns de ces hommes qui se sont approchés d'un étal de nourriture. Pendant que l'un d'eux distrait le commerçant, les autres prennent ce qu'ils veulent et le dissimulent dans leur tunique. Un peu surpris, vous devez pourtant prendre rapidement une décision. Alertez-vous le vendeur (rendez-vous au **287**) ? Attaquez-vous les hommes eux-mêmes (rendez-vous au **63**) ? Les rejoignez-vous et en profitez-vous pour voler un peu de nourriture (rendez-vous au **219**) ?

471

Vous vous souvenez brusquement de ce que vous avait raconté votre protectrice, la belle Aphrodite, et vous éprouvez soudain une peur énorme à la pensée qu'il est peut-être déjà trop tard. Vous demandez au capitaine de se diriger rapidement vers l'est. Tout à coup, vous voyez comme une grande ombre s'interposer dans le soleil et vous regardez Talos s'approcher à l'ouest, hurlant de rage, marchant rapidement pour attraper le navire, tout son corps de bronze illuminé par les rayons du soleil comme les flammes d'un bûcher funéraire. Pour l'instant, il est encore trop loin et le rocher que vient de lancer Talos s'écrase à quelque distance du bateau, faisant jaillir une gerbe d'écume sur le pont. Talos est trop loin pour vous causer le moindre dommage et vous voguez toutes voiles dehors vers la côte de Crète, votre destination. D'ailleurs, ne vous sentant plus suivi, vous vous apercevez que le géant est tombé. Rendez-vous au **336**.

472

Le saut est risqué mais, après un dernier coup d'œil aux gardes qui approchent rapidement de la pièce de derrière, vous bondissez et vous atterrissez sans dommages, malgré tout un peu surpris. Un javelot se plante dans les pavés juste à côté de vous et vous vous mettez à courir comme si toutes les furies étaient à vos trousses. Rendez-vous au **134**.

473

Alors que vous les évitez soigneusement, vous entendez l'homme crier et appeler malgré les coups violents des Furies.

— Puisses-tu regretter éternellement de m'avoir abandonné, hurle-t-il, car, un jour, tu seras toi aussi pourchassé par ces créatures.

Vous êtes pénalisé de 2 points de Honte et vous vous rendez au **167**.

474

La route d'Athènes est agréable. Le chemin est bien entretenu et n'est pas sillonné d'ornières comme d'autres que vous avez parcourus. Bientôt vous traversez de petites collines verdoyantes puis vous arrivez aux premiers champs cultivés d'Athènes. Au loin, vous apercevez quelques paysans qui travaillent et labourent. Vous vous sentez l'estomac un peu noué et vous êtes d'autant plus tendu que vous touchez au but. Vous découvrez soudain devant vous les murailles d'Athènes. Vous allongez le pas et, sans parler à quiconque, vous vous dépêchez, courant presque jusqu'à ce que les portes de la cité ne soient plus qu'à quelques mètres. Rendez-vous au **40**.

475

Le navire est maintenant réparé pour le long voyage qui l'attend encore. Tout ou presque a été remplacé, sauf bien sûr la figure de proue qui ne peut l'être de toute façon que lors des fêtes de la déesse pour que le prêtre la bénisse et lui insuffle la divine puissance d'Athéna. Vous devrez donc traverser les mers sans cette protection mais, si le redoutable Poséidon vous est Favorable, vous pourrez parvenir malgré tout sur les côtes crétoises. Le capitaine n'est pas très sûr de la route à prendre pour rallier la Crète. Il sait qu'il doit rallier la volcanique Théra, demeure d'Héphaïstos le boiteux, dieu du feu et de l'artisanat — mais aussi bien l'île de Mélos que celle de Délos, l'île d'Apollon, peuvent convenir comme étape. L'homme, pourtant marin avisé, se tourne vers vous en vous demandant votre avis. Lui suggérez-vous Mélos (rendez-vous au **358**) ou Délos (rendez-vous au **452**) ?

476

Las et fatigué, vous vous abandonnez au sommeil. Lorsque vous ouvrez les yeux, vous découvrez un changement : vous n'êtes plus dans votre chambre du palais d'Egée ! Si Hécate vous est Défavorable, rendez-vous au **585**, sinon rendez-vous au **612**.

477

Vous êtes secoué et ballotté par les vagues pendant ce qui vous semble durer des jours puis vous perdez connaissance. Lorsque vous vous réveillez, vous êtes étendu sur une plage de sable bordée d'abres, et bateau et serpent ont disparu. Vous pourriez rester ici abandonné pour toujours. Cependant, lorsque vous avez quitté Athènes, vous avez entendu parler d'un projet d'expédition contre les Troyens. Si cela doit se faire bientôt, vous pourrez être découvert, sinon il vous faudra vous construire un navire. Mais, hélas, les héros n'ont pas de grandes connaissances en architecture navale...

478

La route de Delphes est longue et difficile et vous réalisez vite que vous n'y parviendrez pas en une seule journée. Tard dans l'après-midi du cinquième jour, vous apercevez un groupe de voyageurs vers lesquels vous courez pour les rattraper. A la simplicité de leur costume, vous comprenez qu'il s'agit de pélerins qui se rendent très probablement, comme vous, au sanctuaire de l'archer des dieux, l'Apollon de Delphes. Voyant qu'ils ont avec eux des cadeaux — bijoux d'or et d'argent — destinés au dieu, vous vous rendez compte que vous ne possédez pas de tels présents. Forcez-vous les pélerins à vous donner quelque chose en les attaquant (rendez-vous au **260**), leur achetez-vous quelque chose (rendez-vous au **483**) ou avez-vous suffisamment confiance en vos prouesses héroïques pour impressionner le dieu (rendez-vous au **57**) ?

479

Vous débouclez votre cuirasse et vous la tendez au malheureux. Il suce ses doigts pleins de jus de fruits avant de la prendre mais la tache dès qu'il la touche.
— Pas besoin de cela, dit-il. Le meilleur moyen est d'approcher la Crète avant midi.
Il se retourne et s'enfuit, ses hardes misérables traînant derrière lui. Vous l'appelez mais en vain.

Vous reprenez la cuirasse négligée et vous retournez au bateau. Vous gagnez un point d'Honneur et vous vous rendez au **583**.

480

Le prêtre prend votre argent avec un air de profond dédain puis il vous conduit hors du temple dans l'avant-cour. Rendez-vous au **115**.

481

L'aurige hausse nonchalamment les épaules.
— Cela ira. Ta mise est plaçée sur le char vert.
Rendez-vous au **391**.

482

La reine devient blanche et tente de repousser le gobelet. « Le vin est empoisonné ! » hurlez-vous. Profitant du brouhaha et de la confusion générale, Médée s'échappe de la salle du festin. Comme elle s'enfuit, de sa robe tombe le petit sachet de poudre blanche. Un des nobles le ramasse, le renifle et dit :
— L'étranger a raison ; c'est du poison.
Le roi se retourne vers vous, le héros que sa femme cherchait à tuer. Rendez-vous au **170**.

483

Les pélerins sont amicaux et vont effectivement à Delphes pour prier au temple du dieu. Ils vous expliquent quelque chose au sujet de la route. Vous devrez passer par Kira qui se trouve dans la plaine sacrée de Delphes où rien ne peut être cultivé. Ayant admiré une effigie du dieu, une belle jeune femme blonde vous l'offre et vous devez insister pour qu'elle prenne un peu d'argent en échange. Elle accepte et vous poursuivez votre route. Le ciel s'assombrissant, il semble qu'un orage se prépare. Les pélerins s'arrêtent alors dans un hôtel au bord de la route, destiné justement aux voyageurs en route pour Delphes. Vous les abandonnez là, pressé que vous êtes d'arriver à Kira, en tous cas d'aller le plus loin possible avant la tombée de la nuit. Rendez-vous au **339**.

484

La bête se retourne sur le navire et le choc de la rencontre est formidable. Les rayons du soleil étincellent sur votre cuirasse comme le feu des Enfers et le fracas est tel que le ciel entier tremble sur ses bases. Si vous mourez et êtes sauvé par Zeus, rendez-vous au **29**. Si vous Blessez Grièvement le serpent, rendez-vous au **582**. Si vous battez en retraite, rendez-vous au **523**.

485

Ah ! Althéos, il ne faut vous attendre à aucune aide avant ce combat pour sauver le sanctuaire d'Apollon ! Vous perdez 1 point d'Honneur et vous vous rendez au **465**.

486

Beaucoup ont déjà pensé à voler les bijoux du dieu mais personne n'a jamais réussi. Vous êtes pénalisé de 1 point de Honte et vous vous rendez au **297**.

487

Tous vous acclament et crient leur joie comme ceux qui ont vaincu leurs adversaires lors d'une brève rencontre et s'enorgueillissent de leur victoire. Mais la joie les abandonne et l'horreur se peint sur leurs visages soudain inquiets lorsqu'ils examinent la vache. Tatoué sur son cou, tous ont aperçu la marque d'un trident : vous avez tué une vache du troupeau de Poséidon. Vous vous dépêchez de retourner au navire, chaque homme craignant la vengeance du dieu. Si Poséidon est votre protecteur, il ne vous aidera pas tant que vous ne lui aurez pas sacrifié 6 points d'Honneur. Sinon, vous êtes pénalisé de 4 points de Honte et Poséidon vous est Défavorable. Rendez-vous au **323**.

488

Vous pouvez soit perdre de 1 à 3 points d'Honneur pour l'aide d'Arès (jetez un dé : 1-2 = 1 point ; 3-4 = 2 points ; 5-6 = 3 points) et rendez-vous au **307**, soit perdre 1 point d'Honneur et vous rendre au **136**.

489

Vous vous approchez de la foule.

— Amis, est-ce cela que le monde attend du peuple d'Athènes, connu pour être fier et libre mais également modéré ? Pourquoi lapidez-vous ces étrangers ? Quel mal vous ont-ils fait ?

Si vous possédez plus de 13 points de Honte, rendez-vous au **214**. Si vous avez moins de 13 points de Honte, rendez-vous au **502**.

490

Alors que vous cherchez à quitter les lieux, la divine protectrice de la ville vous barre le chemin.

— Althéos, vous gronde-t-elle, ze suis très désagréa-

487 *Vous avez tué une vache du troupeau de Poséidon !*

blement surprise que tu ne veuilles aider ces zens. Ze rendrai ton voyaze en Crète très éprouvant et, lorsque tu approsseras d'Athènes, n'attends aucune aide de ma part.
Si votre protectrice est Athéna, vous vous rendez alors au **156** ; sinon, la déesse disparue, vous poursuivez votre chemin, pénalisé de 1 point de Honte, Athéna vous étant Défavorable. Rendez-vous au **51**.

491

Si vous acceptez l'aide d'Aphrodite, la déesse aux bras blancs, vous perdez entre 2 et 4 points d'Honneur (jetez un dé, divisez le résultat obtenu par 2, arrondissez éventuellement et ajoutez 1), et vous vous rendez au **590**. Si vous ne le faites pas, vous perdez 1 point d'Honneur et vous vous rendez au **54**.

492

Quittant la bienheureuse Délos, le navire va si vite qu'il semble voler sur les eaux vers Théra, l'île d'Héphaïstos. Vous commencez à vous rétablir et vous êtes maintenant capable de monter sur le pont pour admirer la mer et les îles près desquelles vous passez. Mais, comme il arrive parfois que des bourrasques de vent et d'écume mêlés vous frappent violemment au visage, vous criblant le corps de petites piqûres, vous redescendez rapidement à l'abri, titubant malgré vous au milieu des cordes lovées sur le pont. Finalement, le navire arrive en vue de l'île de Théra où vivent de nombreux Phéniciens. Rendez-vous au **295**.

493

Vous vous laissez emporter par la panique générale. Ce n'est pas un acte digne d'un héros que de fuir ainsi ni surtout de ne pas même tenter de délivrer la ville de la menace. Vous êtes pénalisé de 1 point supplémentaire de Honte et vous vous rendez au **378**.

494

Lorsque vous arrivez à proximité de la procession, vous constatez avec surprise que les gens ne portent pas une banale caisse mais qu'il s'agit d'un homme, vêtu d'une tunique de laine épaisse que le sang qui s'écoule d'une plaie à l'estomac teinte de rouge. Une jeune femme vous remarque soudain et hurle en vous désignant :

— C'est cet homme-là ! Il doit faire partie des serviteurs du roi : voyez la finesse de sa robe. Tuons-le !

La foule vous attaque et vous devez vous défendre. Inexpérimentés, ces gens agissent en groupe et ne portent qu'une seule attaque avec 8 points de Force et 11 points de Protection. Chaque fois que vous en touchez un, il meurt, et les points de Force du groupe diminuent de 1 point. Si vous fuyez, rendez-vous au **407**. Si vous mourez et êtes sauvé par Zeus, vous vous retrouvez au **230**. Si vous vous rendez, rendez-vous au **556**. Lorsque vous aurez tué cinq hommes, rendez-vous au **151**.

495

Le navire au grand mât est maintenant prêt pour la longue étape qui l'attend entre Théra et la Crète. Le capitaine verse une libation de vin rouge dans la mer, priant le grand Poséidon de vous assurer une navigation sûre. Le vent qui, soufflant fort vous permet de mettre toutes voiles dehors et de laisser reposer les rameurs, amène bientôt l'orage. Si Poséidon est votre protecteur mais ne veut pas vous aider ou qu'il vous soit Défavorable, rendez-vous au **568**.

Si Poséidon vous est Neutre, rendez-vous au **125**. Si Poséidon est votre protecteur et veut bien vous aider ou qu'il vous soit Favorable, rendez-vous au **342**.

496

Les rêves jouaient un rôle très important dans les légendes et la société grecque, et on considérait même qu'ils étaient envoyés par les dieux. Vous êtes pénalisé de 1 point de Honte et vous perdez 1 point d'Honneur. Rendez-vous au **476**.

497

Vous restez en alerte pendant plusieurs heures mais vous n'entendez aucun bruit si ce n'est celui que produit une chouette en train de dévorer une petite proie. A la fin, vous succombez au sommeil. Rendez-vous au **411**.

498

La bête monstrueuse gronde et gémit atrocement dans son agonie, avec comme de la rancune dans la voix. Un épais sang rouge sombre jaillissant de ses blessures ouvertes, il commence à battre en retraite. Mais sa fuite désordonnée attire l'attention d'un de ses congénères qui, se précipitant sur lui, le déchire en morceaux et s'en fait un horrible festin. Craignant que ce nouveau serpent ne se retourne à son tour contre le navire, le capitaine ordonne de hisser rapidement les voiles, ne restant à la cape que le temps de vous permettre de remonter à bord. Vous gagnez 7 points d'Honneur pour votre victoire et vous vous rendez au **349**.

499

Vous êtes pénalisé de 1 point de Honte mais vous vous rendez au **309**.

500

Vous vous réveillez brusquement pour découvrir avec horreur que Procuste l'aubergiste a coupé vos deux jambes pour qu'elles ne débordent pas du lit. Alors que vous saignez mortellement, vous avez juste assez de temps pour prier Zeus de vous sauver. Si vous n'avez pas encore fait appel à lui dans cette aventure, rendez-vous au **118**. Sinon, le voyage d'Althéos, votre voyage se termine ici...

501

L'homme est resté là où les Furies l'ont laissé, cloué par la peur. Vous le secouez et vous lui expliquez que tout va bien. Reprenant ses esprits, il vous remercie avec gratitude et le soulagement se lit clairement sur son visage.

— J'ai tué ma femme, vous avoue-t-il. C'était un accident mais les Furies n'ont rien voulu savoir de mes explications. Maintenant, j'ai peut-être encore le temps de trouver refuge dans le temple d'Athéna. Quoiqu'il en soit, je n'aurai plus besoin de cela.

Il enlève de son cou ensanglanté une chaîne en or d'où pend une amulette de rubis rouges.

— Voilà, ceci pourra t'aider dans tes combats avec les mortels.

De porter cette amulette de rubis augmente de 2 points votre Force ou votre Protection initiale. C'est à vous de choisir sachant que vous n'avez pas le droit de le modifier pendant un combat. Notez également que pour utiliser ces pouvoirs, vous devrez passer votre tour pour invoquer votre protecteur. Si vous êtes battu et perdez une arme, votre Force initiale comptera pour 5 points et non 4 points seulement. Vous remerciant encore, l'homme repart vers Athènes et son possible salut. Rendez-vous au **167**.

502

Si vous possédez plus de 14 points d'Honneur, rendez-vous au **62**. Si vous avez moins de 15 points d'Honneur, rendez-vous au **312**.

503

En arrivant à Mycènes, la grandeur et la magnificence de la monumentale porte des Lions vous impressionne quelque peu. Vous êtes étonné que cela puisse avoir été construit par des mortels puis vous vous convainquez qu'il ne peut s'agir là que de l'œuvre des Cyclopes, les enfants nés de l'union de Gaia et d'Ouranos, la Terre et le Ciel. Puis vous pénétrez dans la cité elle-même, que le palais du roi, édifié au sommet de la colline, domine majestueusement. Les habitants vaquent à leurs occupations et poursuivent leur travail sans jamais prêter beaucoup d'attention à la citadelle. Des hautes murailles, les soldats observent en permanence la plaine et les collines avoisinantes dans le cas où quelque ennemi tenterait de surprendre la cité. Vous passez la place du marché et vous arrivez finalement au bord d'un torrent où quelques femmes lavent leur linge et le font sécher sur de grosses pierres plates. Buvez-vous un peu d'eau (rendez-vous au **193**) ou continuez-vous à vous promener dans la ville (rendez-vous au **12**) ?

504

Lorsque vous reprenez enfin connaissance, le serpent a disparu. Trois rameurs ont été horriblement déchiquetés par ses puissantes mâchoires, comme des maisons qu'un violent coup de vent emporte et ruine, laissant ses habitants pleurer sur leur sort et leurs enfants disparus dans la tourmente. Sans perdre plus de temps, le capitaine rassemble l'équipage et repart le plus vite et le plus loin possi-

503 *A Mycènes, la grandeur et la magnificence de la monumentale porte des Lions vous impressionne.*

ble avant que le serpent de mer ne revienne. Rendez-vous au **349**.

505

Fouillant dans la poche de votre tunique, vous retrouvez le bijou que votre mère vous avait donné à votre départ de Trézène. Puis, l'air solennel, vous le présentez au roi Egée qui le regarde avec étonnement.

— Je suis Althéos, affirmez-vous, et en voici la preuve.

Egée quitte alors son attitude sévère et sourit.

— Je te salue, mon fils, d'être enfin venu voir ton père en son palais !

Rendez-vous au **50**.

506

Les paroles des conspirateurs encore présentes à l'esprit, vous vous levez et vous quittez l'auberge en essayant de ne pas vous faire remarquer. Une fois dans la rue, vous demandez à une passante le chemin le plus rapide pour aller au palais. Elle vous regarde avec un drôle d'air et se contente d'indiquer une vague direction vers le centre de la ville. Le palais, en fait, n'est vraiment pas difficile à trouver et vous y parvenez sans encombres. La porte est bardée de plaques métalliques et il faut un certain temps avant qu'un garde ne réponde à votre appel. Vous lui expliquez brièvement ce que vous avez entendu à l'auberge. Il vous demande alors de déposer toutes vos armes sur une table près de l'entrée et vous conduit par de longs couloirs tendus de tapisseries vers la salle du trône où le roi est en train de s'entretenir avec quelques hôtes. A votre arrivée, l'assemblée se tait soudain et le roi demande d'une voix forte qui vient troubler son festin. Vous lui répétez

tout ce que vous avez entendu dire par les conspirateurs mais le roi se met à rire et ne veut pas vous croire. Au contraire, il ordonne que l'on s'empare de vous et qu'on vous enferme dans une grange pour la nuit avant de vous fouetter le lendemain matin.
— Personne, rugit-il, n'oserait s'attaquer à moi !
Rendez-vous au **17**.

507

Vous prenez le bouclier (Force 0, Protection 2) et la lance (Force 2, Protection 0), et vous quittez le camp de ces valeureuses guerrières. L'Amazone, en adversaire de parole, ne donne pas l'alarme. Vous gagnez 5 points d'Honneur pour votre victoire et vous vous rendez au **320**.

508

Vous marchez le long d'une route que sillonnent sans arrêt les chars de pélerins qui emmènent leurs malades ou apportent des cadeaux au temple du guérisseur. Les arbres et les buissons du bord de la route frémissent de façon menacante et le vent soulève des spirales de poussière qui empêchent de voir au loin. Rendez-vous au **20**.

509

Vous luttez pour avancer, tant est violent le courant, ayant abandonné la femme sur la rive. La marche est difficile car le torrent est plus profond que vous ne le pensiez. Derrière vous, vous entendez la vieille crier quelque chose et vous tendez l'oreille un instant. Si Héra est votre protectrice, rendez-vous au **46**. Sinon, rendez-vous au **261**.

510

Vous vous frayez un chemin entre les cadavres et les mourants comme celui qui traverse une rivière de sang en écartant de la main et du pied les chiens errants et les corbeaux qui réclament leur part de macabre butin. Comme il est maintenant évident que les Athéniens sont vainqueurs et maîtres du champ de bataille, vous retournez fièrement au palais d'Egée. Rendez-vous au **283**.

511

Au lever du jour, vous découvrez Delphes pour la première fois de votre vie. Derrière la petite cité s'élève le Mont Parnasse, ses pics neigeux touchant presque les cieux, ses pentes recouvertes d'épaisses forêts peuplées de Dryades et de nymphes. Au nord, vous apercevez le sanctuaire, dominé par la masse abrupte de la montagne et comme protégé par deux rochers titanesques. Là jaillit la fontaine de Castalie dont les eaux claires dévalent gaiement la pente. Vous montez doucement vers la cité de Delphes. Rendez-vous au **466**.

512

Le tout-puissant Zeus, gardien du ciel, vous parle directement de son trône de l'Olympe.
— Je ne peux pas beaucoup t'aider, Althéos, car cela m'obligerait à contrecarrer les desseins d'un autre dieu. Je ne peux le faire avant la fin de l'éternité. Pourtant, il est malgré tout en mon pouvoir de te redonner la vie. Va maintenant et affronte vaillamment la malédiction d'Hécate.
Vous devez une fois de plus combattre le chien noir, à nouveau Indemne mais ne possédant plus qu'1 seul point d'Honneur. Rendez-vous au **585**.

513

Vous restez éveillé toute la nuit à écouter le bruit des roues sur les pavés et les cris des spectateurs au loin.

Vous souhaiteriez avoir pu assister au spectacle au lieu de rester ainsi dans votre lit comme un guerrier malade. Le lendemain matin, vous prenez un maigre petit déjeuner et, découragé, vous repartez péniblement vers Athènes. Rendez-vous au **474**.

514

Le noble hausse les épaules et vous avoue être lui aussi étranger à Athènes, originaire de la lointaine Pylos. Puis, sans rien ajouter d'autre, il disparaît dans la foule, de peur d'être remarqué comme étranger. Maintenant, vous devez choisir d'aller soit à gauche (rendez-vous au **90**) soit à droite (rendez-vous au **580**).

515

Vous vous retournez pour fuir mais Zeus vous barre le chemin, irradiant de lumière. Sa magnificence glorieuse et sa souveraine présence vous confondent et vous brûlent les yeux. Vous tordant d'agonie et de douleur, vous le suppliez de vous laisser accomplir votre destinée.

— Il n'y a que moi qui puisse t'accorder cette faveur, misérable pleurnicheur, tonne Zeus, et ses paroles résonnent dans les vallées comme une vague énorme éclate sur la grève ; puis il ordonne : Libre !

A ces mots, la faible flamme de votre vie s'éteint et votre esprit va se perdre aussitôt dans les sombres royaumes d'Hadès.

516

Une expression d'horreur passe sur le visage de l'Amazone lorsqu'elle réalise que vous allez la tuer.

— Puisse la malédiction d'Héra te poursuivre pour avoir tué Hippia, murmure-t-elle avant qu'un voile de sang n'obscurcisse son regard et qu'elle n'expire enfin.

Aussitôt, vous prenez son bouclier (Force 0, Protection 2) et sa lance (Force 2, Protection 0). Vous gagnez 5 points d'Honneur pour cette victoire mais êtes également pénalisé de 2 points de Honte comme d'habitude lorsque vous tuez un adversaire qui s'est rendu. Héra vous est maintenant Défavorable si elle n'était pas votre protectrice. Rendez-vous au **320**.

517

L'Amazone a 7 points de Force et 14 points de Protection, dont sa lance (Force 2) et une peau de lion (Protection 2). Comme elle vous a surpris, elle bénéficie du premier assaut. Si vous Blessez Grièvement l'Amazone, rendez-vous au **159**. Si vous vous rendez, rendez-vous au **550**. Si vous fuyez, rendez-vous au **165**. Si vous mourez et êtes sauvé par Zeus, vous vous retrouvez au **165** . Si, lorsque c'est à vous d'attaquer, vous tentez d'expliquer que vous n'êtes pas venu dans le camp en intrus mais en messager de paix, rendez-vous au **606**.

518

Pendant que les hommes se mettent à courir et disparaissent au bas de la rue, vous réalisez qu'il vous est impossible de garder pour vous ce que vous avez entendu. Vous vous dirigez alors vers le centre de la ville où doit se trouver le grand palais des rois de Thèbes, un monument datant d'époques plus glorieuses. Rendez-vous au **313**.

519

Au moment où la lame de votre épée s'enfonce dans le ventre de l'homme, son visage semble se décomposer, son corps se liquéfie et disparaît soudain. Tout ce qui reste est un monceau de cuirasses et d'armes carbonisées dont les formes s'impriment sur le sol,

519 *Son corps se liquifie au contact de votre épée : tout ce qui reste est un monceau de cuirasses et d'armes carbonisées.*

comme les ruines d'une citadelle brûlée et ravagée par le feu. Vous gagnez 5 points d'Honneur pour cette victoire et vous vous rendez au **254**.

520

Vous perdez 1 point d'Honneur supplémentaire pour avoir abandonné l'homme à son destin. Lorsque vous vous approchez du bord de l'eau, vous pouvez entendre ses appels désespérés à l'Olympe. Mais ses cris restent sans réponse comme ceux que pousseraient un homme agressé par des voleurs que ses voisins craignent de secourir par peur d'être tués eux-mêmes. Rendez-vous au **167**.

521

Pensant voir la prêtresse de la Pythie, vous êtes étonné qu'il s'agisse de votre protecteur Apollon assis à une table, en train d'écrire, des manuscrits éparpillés sur le sol à côté de lui. Il a même des taches d'encre sur une des manches de sa tunique.

— Je travaillais sur quelques prophéties, dit-il. Celle-ci est pour Naxos et j'ai des siècles de retard. J'ai peur de ne pouvoir t'en faire une maintenant mais passe donc me voir à Délos.

Puis le dieu vous renvoie avec un sourire aimable et, ressortant rapidement, vous ramassez vos armes et vous redescendez vers Thèbes en vous rendant au **191**.

522

Vous êtes pénalisé de 1 point de Honte pour avoir accepté une telle proposition. Vous quittez rapidement le marché alors que les gardes cherchent encore partout le voleur. Après quelque temps, il vous suggère de retourner voler un peu de nourriture. Vous êtes si impliqué dans ses crimes que vous êtes bien obligé d'accepter. Rendez-vous au **219**.

523

Où pouvez-vous fuir ? Sur l'entre-pont ? Dans la mer ? Vous êtes pénalisé de 1 point supplémentaire de Honte et vous retournez au **484**.

524

La tempête artificielle s'est apaisée mais bientôt les eaux calmes et vitreuses se rident sous le souffle d'un autre coup de vent. L'équipage lutte pour maintenir le navire à flots pendant que les jeunes Athéniens sont allés se terrer dans un coin en priant qu'on les laisse vivre encore quelques jours de plus leur misérable condition. Poséidon n'a pas été très gentil. Rendez-vous au **363**.

525

Cythnos n'est pas une île très fréquentée et seuls de rares navires y font escale. Vous êtes bientôt arrêté au passage par un vieil homme qui vous demande des nouvelles d'Athènes. Vous lui faites visiblement plaisir lorsque vous vous mettez à lui raconter les exploits de votre frère Thésée, bien que cela ravive votre peine de l'avoir perdu. Le récit terminé, il est tard. Fatigué et affamé — car dans votre empressement vous avez oublié de manger — vous retournez au port. Rendez-vous au **279**.

526

Vous gagnez 4 points d'Honneur pour avoir tué l'ours. Fatigué par les efforts du combat, vous passez la nuit près du corps, encore chaud, de votre ancien adversaire. Le lendemain matin, vous vous lavez dans un torrent proche et vous reprenez rapidement la route. Rendez-vous au **13**.

527

Vous gagnez 3 points d'Honneur pour votre victoire. Si vous le désirez, et si vous le pouvez, vous avez le droit de prendre et de vous servir de son bouclier (2 points de Protection) et de sa lance (2 points de Force). Rendez-vous au **102** pour choisir un autre adversaire.

528

Alors que le sentier se rétrécit, les bruissements dans les arbres et les taillis semblent moins naturels. Vous pénétrez dans les broussailles et, alors que vous êtes en train de ramper prudemment dans les fourrés, vous découvrez que toutes vos craintes étaient fondées. Deux hommes au teint basané, armés de longs couteaux, guettent les voyageurs inconscients du danger. Les provoquez-vous avant de les combattre (rendez-vous au **462**) ou les attaquez-vous sans avertissement (rendez-vous au **221**) ?

529

Alors, pour confirmer sa supplication et vous montrer sa bonne foi, la reine des Amazones ôte la broche de son épaule et vous la tend en disant :
— Si tu vois Lembra, ce bijou lui prouvera que tu es mon ami.
Rendez-vous au **385**.

530

En palpant votre fourreau, vous réalisez que vous avez pris par accident le glaive du capitaine (2 points de Force). Peu importe car le malheureux vieillard

530 *Vous lui faites sauter la tête des épaules. Son corps tombe sur le sol en même temps que sa propre tête.*

ne pourra pas lutter. Vous lui faites sauter la tête des épaules. Pendant une seconde, une expression d'intense étonnement se peint sur son visage puis disparaît bientôt, couvert du sang qui gicle de sa blessure. Son corps tombe sur le sol en même temps que sa propre tête dont la langue tirée vient lécher le sable sanglant. Vous êtes pénalisé de 5 points de Honte pour cet acte épouvantable. Vous revenez à proximité du bateau au cas où quelqu'un aurait vu ce que vous avez fait. Rendez-vous au **583**.

531

Le sentier s'élargit bientôt et se poursuit le long d'un petit torrent. Vous vous arrêtez un instant pour étancher votre soif. Apercevant une ville au loin, vous vous dirigez vers elle en pressant le pas. Vous n'en êtes plus très loin lorsque vous voyez arriver un cavalier dans votre direction. Lorsqu'il est assez près, vous le hélez en lui demandant aimablement de quelle ville il s'agit. Il n'a que le temps de vous crier un nom avant de passer au galop devant vous : « Acharnes ! ». Rendez-vous au **116**.

532

Vous vous précipitez parmi les rochers pour tenter de secourir la femme au beau visage mais, lorsque vous atteignez l'endroit où elle se tenait, elle a disparu et son trône d'or n'est rien de plus qu'un gros caillou. Les chutes de pierres ont également cessé. Vous avez finalement pris tous ces risques pour rien. Seul reste le boiteux et vous voyez son visage décomposé par une profonde colère.

— Ainsi tu aurais sauvé cette Héra qui m'a estropié. Ainsi soit-il ! Que ma malédiction soit sur toi et puisses-tu regretter éternellement d'avoir négligé

Héphaïstos l'Ingénieux, dans le vain espoir d'une séduisante victoire.
Le dieu s'éloigne sur ces mots, vous laissant seul avec l'équipage. Ce qui devait être une héroïque aventure se transforme une fois de plus en catastrophe et Héphaïstos vous est maintenant Défavorable. Rendez-vous au **495**.

533

Vous vous apercevez soudain que toutes vos armes sont restées dans l'entre-pont. Vous avez très peu de temps pour vous décider : vous pouvez saisir un harpon (Force 3, Protection 0) et combattre malgré tout (rendez-vous au **318**) ou descendre rapidement dans votre cabine et prendre vos armes (rendez-vous au **298**).

534

Retournant précipitamment à l'endroit où était assis le vieil homme, vous constatez qu'il vient juste de partir vers l'infecte trou-à-rats qui l'abrite. Vous le rejoignez et vous lui demandez le chemin du palais d'Egée. Tout d'abord il hésite, puis il vous déclare enfin avec un haussement d'épaules qu'il a peut-être quelque chose à faire par là-bas et que cela ne le gêne pas trop de vous accompagner. Rendez-vous au **77**.

535

Jetez un dé. Si le résultat est 5 ou 6, vous touchez la vache et vous la tuez d'un seul coup (rendez-vous au **487**). Sinon, vous êtes pénalisé de 1 point de Honte et vous pouvez soit renoncer et revenir au bateau (rendez-vous au **323**), soit tenter de la terrasser (rendez-vous au **565**). Si vous le désirez, vous pouvez jeter une autre lance (restez au **535**).

536

Sur votre gauche, le soleil safrané est déjà haut dans le ciel et il entame sa longue descente vers l'ouest lorsque vous arrivez près de la rivière Kléonai, toute scintillante de lumière. Au-delà de la forêt que traverse la route, vous apercevez dans le lointain la ville de Kléonai elle-même. La rivière impétueuse s'est récemment grossie de la fonte des neiges, et seul un gué, heureusement pas trop profond, en permet le franchissement. Une vieille femme se tient sur la rive et se contente d'observer d'un air désespéré les eaux rapides, incapable de traverser.

— Aie pitié de moi, implore-t-elle, car je suis vieille et faible. Si tu acceptes de me porter sur ton dos, je pourrais traverser la rivière. Sinon, je vais devoir rester ici à attendre que la Faim m'emporte. Et tu seras seul responsable de ma mort.

Attaquez-vous la femme pour qu'elle n'ait plus jamais faim (rendez-vous au **444**), la jetez-vous dans la rivière en lui disant de nager (rendez-vous au **76**), traversez-vous la rivière tout seul (rendez-vous au **509**) ou la portez-vous pour la traverser (rendez-vous au **316**) ?

537

Si Achille a été baptisé dans le Styx, jamais un véritable héros n'aurait toléré qu'on le baptise dans le sang d'un temple profané par des hommes impies. Lorsque votre esprit vous abandonne, maculé du rouge de votre honte, vous avez beau implorer Zeus, le dieu suprême n'écoute pas votre appel angoissé. Il n'aide pas les hommes veules ! Les aventures d'Althéos, vos aventures, prennent fin ici, lamentablement...

538

Athéna, la déesse, apparaît et vous barre le chemin du palais.

— Folle zeunesse, dit-elle, tu as épargné ces deux hommes et ils en profitent pour prévenir leurs compagnons. Tu cours un terrible danzer et tu ne pourras plus sauver le roi de Thébes maintenant ; tu dois quitter la cité. Va vite !

Puis, se métamorphosant en chouette, Athéna s'envole vers l'Olympe. Rendez-vous au **134**.

539

Vous avez flâné pendant une heure ou plus dans les rues de Mégare. Elle ressemble finalement à toutes les autres villes — sauf que les habitants ont l'air triste — et, d'après ce que vous avez déjà pu en voir, il n'y a pas à espérer grand chose comme animation. Vous débouchez soudain dans une rue plus large que les autres, que bordent de chaque côté les temples consacrés aux principaux dieux. Sur les degrés de l'un d'eux, le temple d'Héra, sont réunis quelques citoyens vêtus de robes blanches. Vous vous approchez et vous réalisez bientôt qu'il s'agit d'une cérémonie particulière. Curieux de connaître un nouvel usage, vous vous apercevez qu'il ne s'agit pas des rites habituels mais que tous ces gens se préparent à sacrifier une jeune fille à la déesse ! Vêtue de bleu, elle est entraînée de force vers un autel édifié pour la circonstance que recouvre une nappe rouge sombre. La fille a beau hurler et se débattre, personne ne vient à son secours. Vous précipitez-vous pour tenter de la sauver (rendez-vous au **398**) ou vous éloignez-vous tranquillement, préférant ne pas vous mêler à la cérémonie (rendez-vous au **148**) ?

540

A chaque tour — à partir du prochain coup — et avant que vous n'attaquiez, Talos perd 3 points dans chacun de ses attributs (Force et Protection) car ses forces déclinent à mesure que l'ichor s'écoule. Retournez au **48**. (Si ses points tombent à 0 ou en-dessous, rendez-vous alors au **469**).

541

Lorsque votre premier coup l'atteint, le cheval se met à ruer de douleur et vous voyez alors qu'il porte sur son dos un redoutable cavalier, Poséidon lui-même, maître des chevaux et seigneur des océans.
— Action idiote, dit-il, mais on ne pouvait s'attendre à autre chose de la part d'un garçon si jeune et inexpérimenté. Ni ton père ni même ton frère n'auraient osé frapper un cheval sacré. C'en est trop ! N'espère pas avoir un temps clément pour ton voyage.
Puis, sur ces mots, cheval et cavalier galopent vers les vagues où ils disparaissent. Vous perdez 3 points d'Honneur pour votre acte méprisable et, si Poséidon est votre protecteur, vous êtes également pénalisé de 1 point de Honte. S'il n'est pas votre protecteur, il vous est maintenant Défavorable. Vous repartez le long de la plage, passant Kenkhrée

vers Crommyon. Après quelques heures, vous atteignez la ville elle-même. Rendez-vous au **100**.

542

Lorsque vous abordez le sujet, les deux hommes vous expliquent alors qu'ils ne faisaient que parler de leur projet d'expédition contre le roi des Troyens. Puis ils vous offrent à boire et vous acceptez malgré vos soupçons, mais désireux d'en savoir plus. Quelques minutes plus tard, il vous prend une irrésistible envie de dormir et vous vous affaissez sur la table, perdant toute conscience des grands évènements qui se préparent autour de vous. Rendez-vous au **70**.

543

Tentez-vous de sauver la femme au trône d'or (rendez-vous au **532**), le forgeron boiteux (rendez-vous au **390**), ou le puissant guerrier (rendez-vous au **143**) ?

544

L'Amazone a 7 points de Force (5 points de base + 2 points pour sa lance) et 14 de Protection (10 points de base + 2 points pour son grand bouclier + 2 points pour sa peau d'ours). Si vous priez votre protecteur pour obtenir son aide avant le combat, rendez-vous au **242**. Si vous fuyez, rendez-vous au **320**. Si vous mourez et êtes sauvé par Zeus, vous vous retrouverez aussi au **320**. Si vous vous rendez, rendez-vous au **431**. Si vous Blessez Grièvement l'Amazone, rendez-vous au **273**.

545

Vous vous précipitez à l'intérieur comme un cyclone mais vous vous faites éjecter énergiquement et vous êtes propulsé dans la rue comme on jette une poupée de chiffon aux ordures. Il est vrai qu'on n'entre pas comme cela dans la maison du gouverneur de Cythnos ! Vous restez allongé à demi conscient sur le sol boueux pendant près d'une heure puis vous vous décidez enfin à retourner au navire, même les mains vides. Vous êtes pénalisé de 1 point de Honte et vous vous rendez au **475**.

546

Egée reste pensif un long moment, encore surpris de votre déclaration, puis, se reprenant, dit :
— Ainsi, tu serais Althéos ! Bien que je ne t'ai vu depuis des années et que tu ne m'aies montré aucune preuve de parenté, il existe un seul moyen qui te permette de me prouver que tu es bien mon fils cadet et le frère de Thésée.
Le roi sourit alors d'un air énigmatique puis poursuit :
— Il y a un taureau qui répand la terreur parmi les habitants autour de Marathon. Va et tue cet animal. Si tu y parviens, alors je te reconnaîtrai comme mon fils.
Vous ne répondez rien mais vous ressortez fièrement de la salle et, reprenant ce qui vous appartient, vous partez immédiatement pour Marathon, impatient de prouver que vous êtes vraiment Althéos. Rendez-vous au **96**.

547

La bête a 18 points de Force et 11 de Protection. Si vous attaquez cette créature des Océans, rendez-vous au **533**. Si vous restez silencieux dans le cas où le serpent n'aurait pas vu le navire, rendez-vous au **562**. Si vous invoquez le dieu des mers, rendez-vous au **34**.

546 *« Il existe un seul moyen qui te permette de me prouver que tu es bien mon fils cadet et le frère de Thésée. »*

548

Si vous possédez une petite boucle d'oreille en argent, rendez-vous au **108**. Sinon, vous êtes pénalisé de 1 à 6 points de Honte (jetez un dé) et vous vous rendez au **102**.

549

Les rochers qui s'écrasent et brisent petit à petit les membrures du navire deviennent trop dangereux et vous ordonnez au capitaine de s'écarter de la côte. Il obéit et change lentement de cap. A ce moment-là, la peur s'empare de vous car Talos vous suit, approchant aussi vite que la tempête, cassant et brisant tout sur son passage. Vous devez maintenant combattre le géant dont les membres lisses aux muscles de bronze sont rien moins que terrifiants.

Il a 14 points de Force (*) et 18 de Protection (même si vous l'avez blessé auparavant, il est maintenant à nouveau Indemne). Il n'y a pas d'espoir de retraite. Si vous vous rendez, rendez-vous au **443**. Si vous tuez Talos, rendez-vous au **617**. Si vous mourez, rendez-vous au **174**.

550

Vous êtes pénalisé de 1 point de Honte pour vous être rendu. Comme l'Amazone se penche pour vous dépouiller de votre cuirasse, afin de pouvoir la présenter aux autres en signe de victoire et de se servir de ce présage favorable pour le combat du lendemain, elle remarque le peigne en or sacré accroché à votre ceinture et comprend soudain qu'elle a attaqué un ambassadeur.

— Pourquoi ne m'as-tu pas expliqué qui tu étais ? demande-t-elle.

Puis elle vous conduit à la tente de la reine sans vous

laisser le temps de soigner vos douloureuses blessures. Rendez-vous au **8**.

551

Vous êtes pénalisé de 1 point de Honte pour ne pas avoir cru l'homme. Rendez-vous au **531**.

552

Alors que vous vous préparez à quitter les lieux, il vous semble entendre une voix aussi douce que celle d'une nymphe, presque étouffée par les bruissements des feuilles.

— Althéos, dit-elle, je te remercie et, avant que je n'oublie, voici un conseil :

« L'éclat de Trézène n'est en rien comparable à ici ;
A celui aux trois pattes — donne-lui ton appui. »

Réfléchissant au sens de ces paroles, sans doute révélées par le dieu, vous retournez rapidement au bateau. Rendez-vous au **449**.

553

Zeus vous sauve mais vous prévient que, pour mériter votre re-naissance, vous devez sauver le temple d'Asclépios. Les bandits sont partis depuis longtemps et vous partez rapidement pour le temple. Rendez-vous au **508**.

554

Le prêtre prend la figurine en or et l'observe longuement, hypnotisé. Enfin, émergeant brusquement de ses pensées, il vous conduit devant le sanctuaire et vous demande de patienter là quelque temps pendant qu'il va interpréter l'oracle de la Pythie. Si Apollon vous était Défavorable, il est maintenant Neutre à votre égard. Rendez-vous au **181**.

555

Honte sur vous ! Le fermier se retourne brusquement et s'aperçoit que vous lui volez un fromage. Il se met à hurler et à vous injurier avant de vous jetter hors de sa carriole. Avant que vous n'ayez le temps de réagir, il est déjà loin. Vous êtes pénalisé d'un point de Honte et vous devez continuer à pied jusqu'à Crommyon. Après quelque temps, vous parvenez enfin dans la ville. Rendez-vous au **100**.

556

Vous tombez à genoux en demandant grâce, essayant d'expliquer que vous n'êtes pour rien dans cette affaire. La femme ne veut rien entendre et elle continue au contraire d'inciter la foule à vous tuer. La dernière chose dont vous ayez conscience, avant que l'Hadès ne vous emporte, est le sifflement d'une faux luisante qui s'abat sur votre nuque. Si vous pouvez implorer Zeus qu'il vous sauve, rendez-vous au **230**.

557

Trempé et les vêtements en lambeaux, vous rampez au fond du bateau.

— J'ai eu raison de te choisir, Althéos, tu es un véritable héros, murmure doucement la femme.

Vous réalisez alors qu'elle n'est autre que votre protectrice, Aphrodite à la douceur du miel. Puis, d'un mouvement de cheveux, elle vous emporte dans sa demeure, à Cythère. Rendez-vous au **235**.

558

Vous entendez alors un cri à vous glacer le sang, comme celui d'une femme, et sous vos yeux la scène commence à se modifier comme un dessin sur le sable s'efface à la marée montante. Malgré votre victoire sur le chien d'Hécate, vous ne gagnez pas de points d'Honneur à cause de la malédiction de la déesse. Rendez-vous au **337**.

559

Il serait sage de réfléchir soigneusement avant de prendre votre décision. De sauver cette fille va certainement augmenter la colère d'Héra qui fera alors son possible pour gêner votre quête. D'un autre côté, abandonner la servante à son sort déplaira sûrement à Aphrodite, déesse de la beauté. Retournez au **539** et faites votre choix.

560

Vous vous réveillez brusquement avec un fort mal à la tête. Vous vous apercevez alors que vous êtes allongé dans la rue où l'aubergiste revêche vous a sans doute jeté. Vous vous rappelez progressivement des évènements de la nuit précédente et vous vous émerveillez de l'habileté des conspirateurs. Vous êtes pénalisé de 2 points de Honte pour avoir essayé de les rejoindre. Rendez-vous au **134**.

561

La reine Médée, seconde femme de votre père, s'aperçoit alors que votre gobelet est vide et s'approche de vous. C'est une femme de taille moyenne et bien en chair, mais qui a conservé encore quelques traces de son ancienne beauté.

— Etranger, dit-elle, laisse-moi remplir ta coupe.

Puis elle prend votre gobelet et va le remplir au grand cratère de bronze. Si Dionysos vous est Favorable, rendez-vous au **286**, sinon rendez-vous au **132**.

562

Tout le monde se tait alors et reste immobile, de peur que le moindre bruit n'alerte la créature. Malheureusement, elle s'approche lentement du navire comme un chien attiré par les odeurs de cadavres après la bataille. D'un coup de tête négligent, elle brise la statue d'Athéna à la proue, l'avale et la broie entre ses dents énormes avant de se retourner à nouveau vers vous. Vous vous rendez soudain compte que vous n'avez pas d'armes sur vous. Descendez-vous les chercher dans l'entre-pont (rendez-vous au **298**) ou allez-vous combattre sans armes (rendez-vous au **602**) ?

563

Si Arès est votre protecteur, rendez-vous au **329**. Sinon, rendez-vous au **445**.

564

L'aubergiste, tremblant encore de peur devant votre bravoure, mais soulagé en lisant son pardon sur votre visage, vous présente la meilleure chambre de

561 *La reine Médée, seconde femme de votre père, est une femme de taille moyenne et bien en chair...*

l'auberge. Craignant malgré tout qu'il ne s'attaque à vous à la faveur de la nuit, vous glissez une cale sous la porte pour la maintenir fermée avant de vous coucher. Vous ne dormez que d'un œil et, le lendemain matin, à votre réveil, vous prenez le somptueux petit déjeuner que vous sert au lit la fille de l'aubergiste avant de poursuivre ensuite votre voyage. Rendez-vous au **3**.

565

Jetez deux dés. Si le résultat obtenu est inférieur au nombre de vos points de Force sans armes (mais vous ajoutez 1 point pour chaque point d'Honneur que vous utiliserez) vous parvenez alors à déséquilibrer la vache et à la faire tomber sur le sol en évitant ses longues cornes pointues. L'un des rameurs la perçe de sa lance et elle meurt, vomissant tout son sang, et beuglant d'agonie jusqu'à la fin (rendez-vous au **487**). Si vous échouez, vous êtes pénalisé de 1 point de Honte et vous pouvez : soit abandonner l'espoir d'avoir de la viande fraîche et revenir au navire (rendez-vous au **323**), soit essayer de tuer la vache avec une lance (rendez-vous au **535**) ou encore choisir de combattre une autre vache (restez au **565**).

566

Vous gonflant d'importance, vous vous vantez de votre combat victorieux contre les traîtres.

— Idiot, dit alors le roi, tu avoues de ta propre bouche être non seulement un prétentieux mais aussi un assassin. Jetez-le dans la grange en attendant de savoir ce que nous ferons de lui.

Rendez-vous au **75**.

567

Vous ne trouverez aucune aide dans ces mers lointaines. Vous perdez 1 point d'Honneur et vous vous rendez au **547**.

568

Vous devez soit sacrifier 6 points d'Honneur pour apaiser Poséidon, et vous rendre au **424** (s'il est votre protecteur, il pourra alors vous aider) soit risquer d'affronter son courroux et vous rendre au **257**.

569

Au moment précis où vous prend un profond désespoir, la porte s'ouvre et un homme richement habillé pénètre dans votre cellule.

— Je suis Protamios, dit-il, serviteur du roi Egée. Aujourd'hui se donne un grand festin et le roi lui-même désire que vous y participiez car il pense qu'il est honteux d'emprisonner un étranger sans qu'il ait eu la chance de s'expliquer ni de partager un repas dans sa maison.

Vous perdez 1 point d'Honneur et vous vous rendez au **350**.

570

L'homme vêtu de noir ne semble pas autrement surpris lorsque se reconstituent vos membres brisés et que vos profondes blessures cicatrisent. Au contraire, il redouble d'efforts, encore que la force de ses assauts se soit affaiblie et qu'il n'ait plus que 7 points de Force et 12 de Protection. Si vous vous rendez, rendez-vous au **121**. Si vous battez en retraite, rendez-vous au **387**. Si vous Blessez Grièvement votre adversaire, rendez-vous au **519**.

571

Vous jetez votre massue. Vous êtes pénalisé de 1 point de Honte alors que les règles de combat restent les mêmes. Procuste vous enchaîne aux montants du lit et, malgré vos efforts, vos blessures ne vous permettent pas de vous échapper. Vous sombrez dans un sommeil agité. Rendez-vous au **500**.

572

Alors que vos forces faiblissent et que la vie vous abandonne, Zeus le donneur de vie infuse dans vos membres une nouvelle vigueur. Vous pouvez combattre. Rendez-vous au **124**.

573

Vous vous approchez du camp dont les feux rougeoient au loin de grandes étincelles. Bientôt, la guerre sera finie. Vous en êtes reconnaissant aux dieux et vous avez retrouvé la joie et le bonheur de vivre. Vous discernez vaguement un mouvement dans les buissons mais vous n'y prêtez pas attention. Un autre bruit rompt alors le silence et devant vous se dresse une Amazone en costume de combat. Tentez-vous d'expliquer votre mission (rendez-vous au **563**), l'attaquez-vous (rendez-vous au **517**) ou battez-vous en retraite vers la ville pour y attendre tranquillement la bataille du lendemain (rendez-vous au **165**) ?

574

La légende raconte que l'oracle de Delphes prend son origine au temps où un couple de chevriers, ayant respiré les vapeurs sulfureuses exhalées par une fissure de la colline, se sont mis à dire des prophéties. Le culte d'Apollon s'y développa et les oracles furent interprétés par les prêtresses de la Pythie. Celle-ci était choisie parmi les plus belles et les plus chastes jeunes filles mais, après que l'une d'elles ait été attaquée par un client, des femmes plus mûres les ont alors remplacées. Un prêtre interprétait et transmettait ces prophéties en vers hexamétriques d'une qualité souvent médiocre. Vous êtes pénalisé de 1 point de Honte et vous perdez 1 point d'Honneur. Retournez au **554**.

575

En retournant au port, vous sautez presque de joie d'avoir récupéré les précieuses lettres destinées à Minos. Faute de quoi, la colère des dieux et des hommes à votre retour aurait ressemblé à celle de l'Olympe contre les Titans, enfermés dans des tombeaux en représaille des destructions qu'ils avaient commises de par le monde. Rendez-vous au **475**.

576

A votre arrivée, les hommes s'éparpillent comme une poignée de sable dispersée par le vent. Le porteur de la faucille tente vaguement de vous frapper puis préfère s'enfuir comme les autres. Vous vous retournez vers l'autel pour prendre le chiot terrifié mais il vous mord sauvagement la main et s'échappe en jappant dans les champs. Comme vous repartez vers la ville, la déesse Hécate elle-même vous adresse la parole :

— Tu as souillé mon autel, Althéos, et l'inimitié de la déesse est pire que la vengeance de Zeus lui-même. Puis l'autel se fend du bas jusqu'en haut. Hécate vous est maintenant Défavorable. Rendez-vous au **188**.

577

Le serpent a 20 points de Force et 12 de Protection. Si vous l'attaquez, rendez-vous au **533**. Si vous décidez de ne rien faire, dans le cas où la créature n'aurait pas remarqué le navire, rendez-vous au **562**.

578

Ô Cythère ! Ainsi parée, tu es de loin plus belle et plus douce que la plus belle fleur des jardins d'Egée et de l'Attique et, lorsque le souffle merveilleux de la déesse sur tes collines se pose, tout est paix. Pourtant, même au paradis, peut s'étendre l'ombre sinistre d'un grand cyprès, empêchant toute pousse...

Entendant crier, vous remarquez qu'une barque s'approche dangereusement des récifs de la côte. Une femme en détresse hurle de peur du fond du frêle esquif. Allez-vous tenter de sauver la femme (rendez-vous au **31**) ou préférez-vous ne pas vous risquer sur les rochers et aller l'attendre plutôt sur le bord (rendez-vous au **409**) ?

579

La bête, très peu intelligente, croit que vous êtes mort et vous abandonne pour attaquer à nouveau le navire. Les poutres craquent, les membrures se déchirent au milieu des cris de l'équipage. Pendant ce temp, la vie s'écoule une fois de plus dans vos veines et vous nagez vigoureusement pour vous rapprocher du navire. Rendez-vous au **381**.

580

Tournant à droite, vous voyez bientôt un grand nombre de gens se diriger vers une grande agora où, debout entre les colonnades monumentales, silencieux, ils semblent écouter. Lorsque vous arrivez à votre tour, vous entendez un barde chanter la légende des travaux d'Hercule. Restez-vous quelque temps à écouter (rendez-vous au **434**) ou poursuivez-vous votre chemin (rendez-vous au **137**) ?

581

Refroidi par votre dernière aventure et désormais méfiant, vous observez Médée remplir votre gobelet. Vous remarquez qu'elle prend un peu de poudre d'une poche de sa robe bleu sombre et la verse dans le gobelet. Acceptez-vous le vin et buvez-vous (rendez-vous au **132**), acceptez-vous le vin et le jetez-vous (rendez-vous au **227**), ou insistez-vous pour que la reine boive d'abord (rendez-vous au **482**) ?

582

Vous frappez juste et le monstre s'éloigne, hurlant de douleur, sa queue fouettant l'air et les eaux, et sa peau d'un vert iridescent marbrée de sang pourpre. Le capitaine, remerciant aussitôt Zeus de les avoir délivré, ordonne aux rameurs survivants de poursuivre. Le navire aux voiles noires glisse alors à nouveau vers la Crète. Vous gagnez 7 points d'Honneur et vous vous rendez au **349**.

583

Il s'est passé déjà plusieurs jours depuis votre arrivée à Cythère. Le capitaine a réparé le navire du mieux qu'il a pu avec les matériaux dont il disposait. Bien que peu désireux de risquer son vaisseau, encore que stimulé par la tâche qu'il a entreprise, il consent malgré tout à repartir. Les voiles sont hissées et se gonflent aussitôt à la brise comme de grandes corneilles noires. Une fois en mer, le capitaine vous parle de Talos, ce géant de bronze qui fait le tour de Crète trois ou quatre fois par jour, attaquant tous ceux qui semblent vouloir approcher de l'île. Bien qu'il détruise parfois leurs propres navires, aucun Crétois ne peut se résoudre à le tuer. La Crète n'est plus très loin et vous serez bientôt à la cour du roi Minos. Rendez-vous au **158**.

584

— Je vais te récompenser, Althéos. S'il t'arrive d'être sur le point de mourir, je t'assure que Zeus entendra ton appel.

Vous gagnez 2 points d'Honneur et, désormais, vous avez une chance supplémentaire d'être sauvé par Zeus. Rendez-vous au **146**.

585

Vous vous trouvez dans une pièce circulaire qui ne semble posséder qu'une seule issue avec, au milieu, un autel de marbre blanc, également circulaire, au centre duquel est gravé un motif représentant la déesse Hécate aux trois visages. Le même dessin se retrouve près de l'entrée et trois torches fichées dans le mur éclairent toute la scène d'un éclat surnaturel. Vous avez à peine le temps de crier l'injustice de votre sort qu'apparaît un chiot noir, surgi de nulle part ou bien des portes mêmes de l'Hadès, de sa gueule écumante montrant des dents aiguës, et des yeux éclairés de sombres lueurs. Il se précipite sur vous et attaque. Il a 8 points de Force et 17 de Protection. Si vous fuyez, rendez-vous au **147**. Si vous êtes vainqueur, rendez-vous au **558**. Si vous mourez et êtes sauvé par Zeus, rendez-vous au **512**.

585 *Un chiot noir, surgi de nulle part, montre des dents aiguës et des yeux éclairés de sombres lueurs.*

586

Vous prenez quelques raisins et vous les mangez avidement, leur jus rouge dégoulinant sur votre menton et tachant votre tunique. Heureusement que votre mère Aéthra ne vous voit pas ! Peu après, vous commencez à ressentir des crampes d'estomac. Vous n'auriez peut-être pas dû en goûter... Vous pouvez chercher du miel pour apaiser votre faim (rendez-vous au **276**), ou retourner au bateau (rendez-vous au **595**) ou tenter d'attraper l'une des bêtes du troupeau, aidé en cela par les autres marins (rendez-vous au **59**).

587

— Idiot ! dit la femme. J'ai pitié de toute véritable fille en détresse. Tu ferais bien de venir avec moi et de quitter ces vêtements mouillés.

Sur ces mots, elle tapote son poignet et, dans une bouffée de parfum de Tyrie, vous êtes transporté dans le palais de la déesse à Cythère. Rendez-vous au **235**.

588

Le porcher est un jeune homme athlétique et vous manquez presque de le perdre en le suivant dans les dédales d'Athènes. Vous arrivez peu après devant une magnifique maison à colonnades dont les arches de la façade sont garnies de paniers de fleurs ; c'est le palais de votre père. Le porcher pourtant n'y pénètre pas mais s'éloigne rapidement dans une rue latérale. Vous l'appelez mais, comme il ne répond pas, vous le suivez. Un peu plus loin, il vous montre une petite porte située derrière la maison. De l'intérieur vous parviennent des odeurs de cuisine.

— C'est ici l'entrée.

Vous commencez à avoir faim. Frappez-vous

d'abord (rendez-vous au **7**) ou entrez-vous directement (rendez-vous au **270**) ?

589

Vous descendez sur Kenkhrée par le sentier de droite. Seul le chant des oiseaux trouble le silence. Au loin, dans le golfe, un navire marchand s'approche du port, transportant dans ses flancs les vêtements teints du fameux rose tyrien destinés aux riches citoyens. Lorsque vous atteignez les premières maisons de la ville, vous voyez les marchands décharger déjà leurs marchandises sur le quai. Une foule de gens s'est rassemblée autour du navire, faisant la queue pour obtenir une place pour la grande cité d'Athènes. Vous joignez-vous à eux pour raccourcir votre trajet en allant par mer à Athènes (rendez-vous au **68**) ou préférez-vous prendre la route des terres (rendez-vous au **455**) ?

590

La divine déesse entend votre prière et, abandonnant les pentes boisées de Cythère, s'approche de vous en irradiant de beauté.

— Althéos, murmure-t-elle, tu es tout sale... Je vais voir ce que je peux faire.

D'un geste de la main, elle transforme votre apparence. Vous ne ressemblez plus à un mendiant pouilleux mais à un véritable héros, fort et courageux.

— Oh, à partir de maintenant, ajoute timidement Aphrodite, ne bois pas de vin, cela annulerait les effets de mon charme.

Sur un dernier regard admiratif à son œuvre, la déesse disparaît, retournant à sa demeure de la clairière. Lorsque les gardes reviennent, ils sont si surpris par votre belle apparence que vous les persuadez bien vite de vous conduire au festin du roi, non en prisonnier mais comme invité. Rendez-vous au **350**.

591

Trop tard. Rendez-vous au **500**.

592

Désorienté, vous entrez dans une rue latérale et vous vous asseyez par terre, désespéré de jamais trouver le palais. Près de vous, une grande femme aux yeux gris et à l'air impérial vous regarde. Elle attend. Lorsque vous vous redressez, elle parle.

— Ze suis Pallas Athéna et Athènes est ma cité. Va maintenant sur l'Acropole : de là tu verras toute la ville et tu reconnaîtras l'endroit que tu cherches.

Si Athéna est votre protectrice, rendez-vous au **91**. Sinon, rendez-vous alors au **325**.

593

Chaque fois que vous le pourrez et si vous sacrifiez 10 points d'Honneur à Zeus, il entendra vos prières et pourra vous sauver une fois supplémentaire. Après, la broche ne vous servira plus sauf en guise de cadeau, de paiement ou de souvenir. Rendez-vous au **492**.

594

Vous trouvez bientôt quelqu'un qui veut bien payer la somme que vous demandez pour le pain. Mais vous vous sentez maintenant encore plus mal à l'aise, comme marqué du sceau de l'infamie. Pour votre acte odieux, vous êtes pénalisé de 2 points de Honte. Vous pouvez quitter immédiatement Mégare et tâcher d'oublier ce regrettable incident (rendez-vous au **86**) ou revenir sur la place du marché et continuer de voler, poursuivant votre vie de rapines (rendez-vous au **5**).

595

Vous gagnez 2 points d'Honneur et vous vous rendez au **323**.

596

Apollon, votre protecteur, se tient à la proue du navire.

— Ce n'est pas grave, dit-il. Si certains sont des lâches, je ne pense pas que tu en fasses partie. Méfie-toi des femmes aux trônes dorés.

Etonné par cette apparition, vous levez les yeux mais vous êtes à peine revenu de votre surprise qu'il a disparu. Vous l'avez peut-être offensé. Rendez-vous au **492**.

597

Vous traversez courageusement le champ de bataille, cherchant des ennemis dont vous pourriez répandre le sang au fil de votre glaive. Il n'y en a plus aucun et seuls restent les morts et les mourants ; toutes les Amazones qui en étaient encore capables sont retournées à leurs bateaux et reparties dans leur lointaine contrée de l'autre côté des Océans. Beaucoup de jeunes Athéniens sont morts aujourd'hui et cela vous attriste douloureusement et vous fait regretter de n'avoir, en tant que héros, que peu combattu. Vous retournez lentement au palais d'Egée. Rendez-vous au **283**.

598

Dans votre précipitation, vous avez failli plonger avec toute votre cuirasse. Ne gardant que votre pagne, vous sautez. Comme vous n'êtes pas un grand nageur, il vous faut près de dix minutes pour couvrir les quelque cent pieds qui vous séparent du bateau. Vous l'agrippez pour le tirer à l'écart des récifs et il vous semble alors extraordinairement léger. La femme sourit gentiment en disant.

— Mon héros, tu m'as sauvée !

Si Aphrodite est votre protectrice, rendez-vous au **557**, sinon rendez-vous au **141**.

599

Poséidon, seigneur des oçéans, surgit des profondeurs, le trident à la main et rayonnant de gloire. Il porte un coquillage à ses lèvres et souffle. Entendant la voix de son maître, la bête pousse un cri plaintif, s'enroule dans sa queue comme pour se protéger des coups, plonge et disparaît.

— Althéos, gronde Poséidon, tu es effrayé de mon petit animal ? En tout cas davantage, que Thésée ! Prends garde de ne pas troubler d'autres choses bien que, je suppose, elles ne mangent pas les héros !

Après un dernier regard sarcastique, Poséidon disparaît, retournant avec les filles de l'Océan au festin dont vous l'avez tiré. Le capitaine, l'équipage et les Athéniens sont surpris que vous ayez appelé ainsi le dieu. L'espoir renaissant, les rameurs retournent à leurs bancs, content d'avoir un véritable héros à bord mais perplexe quant aux paroles de Poséidon. Rendez-vous au **349**.

600

— Nous ne nous rendrons jamais ! dit le chef et, sur ces mots, ils s'empalent eux-mêmes sur leurs couteaux.

Vous gagnez 5 points d'Honneur et vous poursuivez votre chemin vers le temple, perplexe quant à leur attitude. Rendez-vous au **216**.

599 *Poséidon, seigneur des océans, surgit des profondeurs, le trident à la main et rayonnant de gloire.*

601

Vous vous approchez de l'homme mais il est vite évident que le vieillard ne se défendra pas et ne cherchera même pas à s'enfuir. Peut-être dissimule-t-il une arme ou un anneau empoisonné. Le laissez-vous en le menacant de le tuer s'il vous suit (rendez-vous au **430**) ou le tuez-vous avant qu'il ne vous blesse, qu'il ne vole les provisions du navire ou ne vienne vous surprendre pendant la nuit (rendez-vous au **530**) ?

602

Pendant que vous hésitez, l'un des membres de l'équipage a lancé un harpon sur la bête mais l'a manquée. Vous saisissez un couteau pointu sur le pont (Force 1, Protection 0) et vous vous préparez à affronter la créature. Plongez-vous pour l'attaquer dans la mer (rendez-vous au **361**) ou considérez-vous que le navire est l'endroit le plus sûr pour combattre le serpent (rendez-vous au **484**) ?

603

Le trône de Knossos est en plâtre et un griffon y est gravé de chaque côté. Vous êtes pénalisé de 1 point de Honte et vous vous rendez au **158**.

604

— Pyraphas, marmonne-t-elle comme si elle tentait de se souvenir de quelque chose. Puis, pensant avoir trouvé, elle grogne : Ah ! tu dois être là pour aider au festin ! Humm... tu ne sembles pas être d'une grande aide ! Va là-bas et nettoie ces cratères, ils n'ont pas servi depuis le mariage d'Egée et de Médée.

Puis elle vous expédie dans un coin et vous vous mettez au travail. Votre tâche est ingrate mais vous vous rendez compte que le festin sera somptueux car, pendant toute la journée, des serviteurs apportent de la viande, du pain et du vin en provenance des pâtures, des moulins et des vignes autour du palais. Rendez-vous au **234**.

605

Vous priez votre dieu protecteur, ayant besoin de son aide contre la colère d'Hécate. Pour éloigner la créature infernale vous devez sacrifier 2 points d'Honneur à votre protecteur et 3 points à Hécate. Si vous ne pouvez ou ne désirez pas faire ce sacrifice, rendez-vous au **585**. Si, au contraire, vous acceptez, rendez-vous au **458**.

606

Vous perdez votre tour et c'est maintenant à l'Amazone d'attaquer, emportée par la folie destructrice qu'Arès fait couler dans ses veines. Rendez-vous au **517** et continuez le combat.

607

Sûr de vous, vous saisissez le cratère et, le portant à vos lèvres, vous buvez longuement. Mais vous êtes horrifié de constater que, au lieu des acclamations frénétiques auxquelles vous vous attendiez, la foule hurle de colère. Rendez-vous au **120**.

608

Vous interrogeant sur la volonté des dieux, vous flânez le long de la plage de Cythère, cherchant un endroit où vous reposer pendant les réparations du navire. Vous auriez besoin de nombreuses branches et de quelques planches cassées dans le naufrage pour vous construire un abri. Mais, comme l'équipage s'occupe du bateau et que les jeunes Athéniens, vous évitant vous et le capitaine, sont partis dans la direction opposée, vous êtes seul. A ce moment, vous voyez un homme vêtu de haillons, les cheveux blancs, les yeux sauvages et la barbe non peignée. Il vous aperçoit également et se met à courir vers vous sur la plage. Trop étonné pour réagir, vous ne bougez pas et le vieillard, probablement un habitant de cette contrée, peut-être le survivant d'un naufrage, commence à vous apostropher d'incohérente façon. L'attaquez-vous au cas où il deviendrait violent (rendez-vous au **601**) ou restez-vous là et tentez-vous de comprendre ce qu'il raconte (rendez-vous au **418**) ?

609

Aucun véritable héros n'aurait peur de la foule. La seule vue de la mer vous rend-t-elle malade ? Vous êtes pénalisé de 1 point de Honte et vous vous rendez au **589**.

610

L'homme regarde votre broche avec dédain et dit :
— Votre mise sur le bleu, c'est le seul qui reste. Rendez-vous au **391**.

611

Vous restez assis, satisfait, à regarder un autre navire dont on décharge les marchandises destinées aux habitants de Cythos. Au loin, on perçoit les rumeurs d'une tempête, sans doute dans les parages de la maudite Céos, où le vent redouble de violence, où le tonnerre gronde en même temps que des éclairs enflamment le ciel comme pour défier l'océan. On apporte du bois pour réparer le navire mais vous vous endormez, épuisé par votre aventure. A votre réveil, vous vous apercevez que le capitaine et son équipage sont à nouveau rassemblés et que les jeunes Athéniens, l'air grave malgré les fleurs et les guirlandes dont ils sont parés, sont revenus de l'endroit où ils ont passé la journée, une des dernières qu'ils vivront si vous ne parvenez pas à accomplir votre mission. Rendez-vous au **475**.

612

Vous êtes dans un couloir obscur. Une torche fichée dans le mur diffuse une lumière sinistre. Devant, le passage semble se poursuivre à l'infini, percé par endroits d'ouvertures à droite et à gauche. Vous avancez de plus en plus loin, cherchant désespérément à vous échapper de ces lieux où les puissances de l'obscurité vous ont emporté. Vous entendez parfois comme un bruit de pas et vous accélérez votre allure comme cet homme que son ennemi poursuit mais qui ne veut pas se retourner de peur de l'affronter. Quelque chose de brillant étincelle dans un coin. Vous vous baissez pour le ramasser et vous entendez alors gronder derrière vous. Vous faites volte-face et vous voyez une gigantesque créature à tête de taureau se précipiter sur vous, ses cornes en avant prêtes à vous arracher la gorge. Rendez-vous au **337**.

613

Vous êtes prêt à vous battre mais aucune Amazone ne veut se risquer. Ce n'est qu'au moment de quitter la tente que vous êtes pris par huit d'entre elles que l'autre Amazone a pu appeler à la rescousse. Toutes vos armes vous sont enlevées mais vous êtes autorisé à rentrer à Athènes librement. Vous perdez 1 point d'Honneur et vous vous rendez au **320**.

614

Vous aimeriez bien allumer la lampe mais cela inciterait sûrement l'aubergiste à vous chercher. Ce que vous parvenez à lire ne vous sert pas plus qu'une goutte d'eau à l'Océan :

« ... Céos battue des tempêtes... »
« ... qui est mort d'avoir pris une bête du troupeau de Poséidon à Mélos... »
« ... n'aide jamais un boiteux... »

612 *Une gigantesque créature à tête de taureau se précipite sur vous, ses cornes en avant prêtes à vous arracher la gorge.*

Il se produit un fracas comme celui de boucliers dans la bataille. Quelqu'un vient. Vous devez repartir au bateau. Vous êtes pénalisé de 1 point de Honte pour votre acte et vous vous rendez au **575**.

615

Vous gagnez 6 points d'Honneur pour avoir vaincu la truie, et l'un des citoyens de Crommyon vous donne une lance en remerciement de les avoir délivrés. Elle est de 3 points de Force et 1 point de Protection. Rendez-vous au **378**.

616

Laissant les rumeurs de fête derrière vous, vous repartez rapidement par la forêt. Les fourrés sont denses et la lune est maintenant cachée dans les nuages. Une chouette hulule au loin. Soudain, vous recevez un coup sur le front et vous pensez tout d'abord avoir heurté une branche basse. Regardant mieux, vous réalisez bientôt qu'il s'agit d'un ours. Vous n'avez d'autre choix que de vous défendre. L'ours a 6 points de Force et 13 de Protection. Si vous êtes vainqueur, rendez-vous au **526**. Si vous fuyez, rendez-vous au **210** (n'oubliez pas de vous enlever 1 point d'Honneur, même si vous échouez dans votre tentative). Si vous mourez et êtes sauvé par Zeus, rendez-vous au **362**.

617

Votre dernier coup déséquilibre le Titan de métal. Son corps de bronze craque et se déchire, il titube et tombe en hurlant sur les hauts-fonds. De sa bouche émergée sort encore un souffle brûlant. Sans doute seuls les dieux de l'Olympe peuvent-ils le tuer. En tous cas, vous gagnez 8 points d'Honneur et vous vous rendez au **384**.

618

Vous êtes stupéfié en découvrant la scène d'apocalypse alors que l'on extrait des décombres de leurs chars les auriges encore commotionnés par l'accident. Plusieurs des chevaux sont morts ; l'un des conducteurs crie horriblement. Seul l'aurige jaune est indemne. Vous vous dirigez vers le conducteur du char rouge mais il refuse de vous rendre le montant de votre pari disant qu'il n'y a pas de vainqueur. Menacant, vous crachez par terre et demandez justice à Zeus de cette malhonnêteté. Vous aimeriez montrer à l'homme ce qu'il en coûte de trahir Althéos mais il est honteux de frapper un homme blessé. Furieux, vous vous reprochez et vous regrettez de lui avoir fait un cadeau d'une telle valeur. Vous retournez à l'auberge car les autres courses sont annulées, et vous y passez la nuit avant de partir pour Athènes le lendemain matin (rendez-vous au **474**).

619

Constamment secoué dans la tempête, abruti par les vagues qui déferlent sur vous, meurtri par la houle implacable, vous perdez ce que vous possédiez. Vous perdez une pièce de cuirasse (de votre choix), une arme et un autre objet inscrit dans vos Chroniques (qui ne peut être une arme ou une partie de cuirasse), mais vous parvenez à conserver les documents destinés à Minos ou ceux d'Antiope. Notez que, si vous ne possédez qu'un seul objet d'une catégorie, vous ne le perdez pas. Si, par exemple, vous n'avez qu'une pièce de cuirasse, vous la gardez. Rendez-vous au **363**.

620

Si les actions des hommes vous surprennent, gardez-le pour vous et n'allez pas ennuyer les dieux pour si peu. Il suffit qu'ils soient morts ! Vous êtes pénalisé de 1 point de Honte et vous vous rendez au **216**.

CONNAISSEZ-VOUS TOUTES LES SÉRIES DES LIVRES DONT **VOUS** ÊTES LE HÉROS ?

Série **Défis Fantastiques**

Le Sorcier de la Montagne de Feu
Steve Jackson et Ian Livingstone

La Citadelle du Chaos
Steve Jackson

La Forêt de la Malédiction
Ian Livingstone

La Galaxie Tragique
Steve Jackson

La Cité des Voleurs
Ian Livingstone

Le Labyrinthe de la Mort
Ian Livingstone

La Sorcière des Neiges
Ian Livingstone

Le Marais aux Scorpions
Steve Jackson et Ian Livingstone

Le Manoir de l'Enfer
Steve Jackson

Le Talisman de la Mort
Jamie Thomson et Mark Smith

L'île du Roi Lézard
Ian Livingstone

Le Mercenaire de l'Espace
Andrew Chapman

Le Temple de la Terreur
Ian Livingstone

Le Combattant de l'Autoroute
Ian Livingstone

Les Trafiquants de Kelter
Andrew Chapman

Planète Rebelle
Robin Waterfield

Rendez-vous avec la M.O.R.T.
Steve Jackson

Défis sanglants sur l'Océan
Andrew Chapman

Série **Sorcellerie !**
par Steve Jackson

Les Collines Maléfiques

La Cité des Pièges

Les Sept Serpents

La Couronne des Rois

Série **Loup Solitaire**
par Joe Dever et Gary Chalk

Les Maîtres des Ténèbres

La Traversée Infernale

Les Grottes de Kalte

Le Gouffre Maudit

Le Tyran du Désert

Série **Le Dragon d'Or**
par Dave Morris et Oliver Johnson

Le Tombeau du Vampire

Le Dieu Perdu

Le Seigneur de l'Ombre

La Malédiction du Pharaon

Le Château des Ames damnées

Série **Loup* Ardent**
par J.H. Brennan

La Horde des Démons

Les Cryptes de la Terreur

L'Ultime Combat de la Horde

Les Maîtres du Mal

Série **La Quête du Graal**
par J.H. Brennan

Le Château des Ténèbres

L'Antre des Dragons

Les Portes de l'Au-delà

Le Voyage de l'Effroi

Série **Chroniques Crétoises**
par John Butterfield, David Honigmann et Philip Parker

La Vengeance d'Althéos

Série **Les Portes Interdites**
par Ian et Clive Bailey

L'Horreur dans la Vallée

Achevé d'imprimer
le 23 Mai 1986
sur les presses de
l'Imprimerie Hérissey
à Évreux (Eure)

N° d'imprimeur : 40200
Dépôt légal : Mai 1986
ISBN 2-07-033351—5

Imprimé en France

38471